영적 성장의 길

영적 성장의 길

이영훈 지음

초판 1쇄 발행 2012년 3월 7일
초판 2쇄 발행 2012년 11월 30일

발행처　서울말씀사
편집인　김호성
등　록　제11-105호

서울 강서구 가양동 1487 가양테크노타운 306
Tel, 02-846-9222
Fax, 02-846-9225

정가 9,000원

본서의 저작권과 판권은
서울말씀사 소유이며 무단 전재, 복제를 금합니다.

SPIRITUAL GROWTH

# 영적 성장의 길

이영훈 지음

서울말씀사

SPIRITUAL
GROWTH

## 머·리·말

영적 성장은 모든 그리스도인들의 사명이며 이 시대 한국 교회 전체의 과제입니다. 무엇보다도 영적 성장은 교회와 성도들을 향한 주님의 거룩한 소원입니다.

오늘날 사회는 그리스도인들에게 참으로 그리스도인다운 고결한 삶을 보여줄 것을 요구하고 있습니다. 우리가 이러한 요구를 충족시켜주면 이 사회에 하나님의 영광이 드러날 것이요, 그렇지 못하면 우리의 부족함 때문에 하나님의 영광이 가리워질 것입니다.

참된 그리스도인의 삶이란 영적으로 성장하고 성숙한 삶입니다. 나 자신을 위해서가 아니라 하나님의 영광을 위해서 사는 모습, 성령 충만하여 진정으로 변화되고 감사와 경건과 헌신의 삶을 사는 모습이 바로 영적으로 성장한 그리스도인의 모습입니다. 우리가 영적으로 성장할 때 우리는 주님의 소원과 우리의 사명과 한국 교회의 과제와 사회의 요구를 충족시킬 수 있게 됩니다.

여의도순복음교회를 담임하면서 하나님께 엎드려 기도할 때마다 하나님께서는 놀라운 은혜와 응답들을 허락하셨습니다. 때로 어렵고 답답한 일이 있어도 하나님께서 이미 주신 응답의 말씀이 있었기에 마음 깊은 곳에서 절대 감사가 끊이지 않았습니다. 그런데 한편으로는 기도할 때마다 성령님께서 주시는 안타까운 감동이 있었습니다. 그것은 바로 모든 거듭난 하나님의 자녀들이 영적으로 성장하도록 권면하고 돌보라는 감동이었습니다.

  이러한 성령님의 감동을 따라 2011년 8월에 『영적 성장과 교회갱신을 위한 특별새벽기도회』를 개최하게 되었고 그때 함께 은혜를 나눈 말씀들을 이번에 책으로 엮어 출간하게 되었습니다. 이 책을 읽는 모든 분들이 이 시대와 우리 개인을 향한 하나님의 소원과 뜻을 명확히 분별하여 성령님의 능력 안에서 그리스도의 장성한 분량에 이르기까지 자라나게 되시기를 간절히 기원합니다.

2012년 3월<br>
여의도순복음교회 담임목사<br>
이영훈

## 추·천·사

이영훈 목사님은 나의 제자일 뿐만 아니라 좋은 동역자입니다. 나는 매주일 이영훈 목사님의 설교를 들으며 거기에서 은혜를 받습니다. 그렇기 때문에 이번에 이영훈 목사님의 또다른 설교집 『영적 성장의 길』이 출간된 것을 매우 기쁘게 생각합니다.

이영훈 목사님은 성품이 성실하고 충성되고 온유하여 하나님께서 크게 쓰시기에 합당한 종입니다. 그는 성령 충만을 받고 은혜 안에서 끊임없이 영적 성장을 이루기 위해 기도하고 노력하는 주의 종입니다. 영적 성장과 성숙을 강조하여 그리스도인다운 참된 삶을 가르치는 이영훈 목사님의 설교는 그 자신의 삶과 체험에서 나온 것이기에 더욱 호소력이 있습니다.

이 설교집을 많은 분들에게 기쁜 마음으로 추천하며, 읽는 모든 분들이 하나님의 크신 은혜를 체험하시기를 축원합니다.

2012년 3월
여의도순복음교회 원로목사
조용기

## CONTENTS

**머리말** | 05
**추천사** | 08

제1일
육신의 생각, 영의 생각 | 13

제2일
영의 생각으로 지배받는 삶의 비결 | 33

제3일
고난과 영적 성장 | 49

제4일
영적 성장의 길 - 하나님 생각하기 | 67

제5일
영적 성장의 길 - 예수님 생각하기 | 83

제6일
영적 성장의 길 - 경건 | 101

제7일
경건 훈련 | 117

제8일
영적 성장의 길 - 헌신 | 135

제9일
헌신의 삶 (1) | 153

제10일
헌신의 삶 (2) | 169

제11일
헌신의 삶 (3) | 185

제12일
작은 예수 되기 | 203

SPIRITUAL GROWTH

영적 성장의
길

## 제 1 일
# 육신의 생각, 영의 생각

육신을 따르는 자는 육신의 일을, 영을 따르는 자는
영의 일을 생각하나니 육신의 생각은 사망이요 영의
생각은 생명과 평안이니라 _롬 8:5-6

*Spiritual Growth*

SPIRITUAL GROWTH

　　　　누구나 예수님을 믿으면 하나님의 자녀가
됩니다. 그런데 문제는 '예수님을 믿고 난 후에 어떻게 사느
냐?' 하는 것입니다. 예수님을 믿어 하나님의 자녀가 되었으면
날마다 영적으로 성장하여 성숙한 그리스도인의 삶을 살아야
합니다. 그러나 많은 그리스도인들이 오랫동안 신앙생활을 했
음에도 불구하고 영적으로 성장하지 못하고 여전히 초보적인
신앙의 단계에 머물러 있습니다. 이것이 오늘날 교회와 성도들
의 문제입니다.
　　교회 안에 갈등과 다툼이 있고 여러 가지 복잡하고 어려운
일들이 생기는 것은 우리가 영적으로 성숙하지 못하기 때문입
니다. 신앙생활을 오래 해서 직분도 받고 교회의 중요한 위치
에서 봉사하고 있어도 영적으로 성숙하지 못하면 자꾸 다른
사람과 부딪치는 일이 생겨납니다. 그러므로 교회를 오래 다

니는 것보다 영적으로 성숙한 그리스도인이 되는 것이 더 중요합니다.

예수님께서 기적을 행하실 당시 수많은 사람들이 예수님을 따라다녔습니다. 예수님께서 벳새다 광야에서 오병이어의 기적을 행하셨을 때에는 여자와 어린아이까지 합치면 2, 3만 명이나 되는 사람들이 기적을 체험했습니다. 예수님께 병 고침을 받은 사람도 부지기수였습니다. 나병 환자 열 명이 동시에 고침을 받았고, 맹인 바디매오가 눈을 떴으며, 죽었던 나사로가 살아났고, 나인 성 과부의 아들도 죽었다가 살아났습니다. 그 기적의 현장에 수많은 사람이 있었습니다. 그러나 예수님께서 십자가에 달리실 때 끝까지 예수님을 떠나지 않은 사람은 몇 사람에 불과했습니다.

오늘날 우리는 어떻습니까? 우리가 예수님을 떠났던 그 수많은 사람들 가운데 하나가 되면 안 됩니다. 문제를 만나고 어려움을 당하면 피하여 도망가고, 아무것도 아닌 일에 상심하여 뒷전으로 물러가고, 상처받고 절망의 자리에 주저앉아 버리는 성도가 되어서는 안 됩니다.

특별새벽기도회에 나오는 것도 마찬가지입니다. 기쁜 마음으로 자원해서 나와야지 억지로 나오면 안 됩니다. 숫자가 많고 적음이 중요하지 않습니다. 진정으로 중요한 것은 영적으로 성숙한 사람이 되는 것입니다. 우리 모두가 성령 충만하고 영적으로 성숙한 그리스도인이 되면, 우리 교회는 한국과 온 세계에 좋은 영향을 미치는 교회가 될 것입니다.

이제부터는 우리가 많이 모이는 것을 자랑할 것이 아니라 성숙한 그리스도인이 되어 세상을 변화시키는 일에 힘써야 합니다. 그리고 기도할 때마다 "하나님 아버지, 우리가 이 세상을 변화시키는 하나님의 일꾼이 되게 하여 주옵소서. 가정과 이웃과 직장을 변화시키고, 나아가 사회를 변화시키는 주님의 일꾼이 되게 하여 주옵소서."라고 기도해야 합니다.

우리가 성숙한 그리스도인이 되기 위해서는 무엇보다도 우리에게 근본적인 변화가 나타나야 합니다. 성령 충만이 무엇입니까? 우리의 삶이 달라지는 것입니다. 처음 예수를 믿게 될때 성령의 도우심으로 거듭나는 체험을 하게 되는데, 이것은 성도의 기본적인 모습입니다. 어린아이가 태어나서 "응애!" 하고 첫 울음을 터뜨리는 것이 기본인 것과 마찬가지 입니다. 무엇보다 중요한 것은 건강하게 자라나야 한다는 것입니다.

그리고 방언은 '은사' 이기 때문에 인격과 상관없이 받습니다. 성격이 급하거나 소리를 지르거나 쉽게 화를 내는 사람이라고 할지라도 방언을 받습니다. 그러나 은사를 받은 단계에서 머물면 안 됩니다. 은사를 받은 후에 '열매'가 나타나야 합니다. 즉, 성품이 변화되어야 합니다.

어린아이가 세상에 태어나서 처음에는 엄마 젖을 먹다가 점점 단단한 음식을 먹으면서 성장하는 것처럼, 그리스도인들은 영적으로 어린아이 상태에 머물러 있지 말고 계속 자라나야 합니다. 예수 그리스도의 장성한 분량에 이르기까지 성장을 멈춰서는 안 됩니다엡 4:13.

영적으로 성숙하는 과정은 결코 쉽지 않습니다. 우리가 영적으로 성숙하고자 할 때 우리 속에서 충돌이 일어납니다. 예수님을 믿기 전의 옛 사람과 예수님을 믿은 후의 새 사람이 충돌합니다. 육신의 사람과 영의 사람이 갈등하게 됩니다. 이에 대해 갈라디아서 5장 17절은 "육체의 소욕은 성령을 거스르고 성령은 육체를 거스르나니 이 둘이 서로 대적함으로 너희가 원하는 것을 하지 못하게 하려 함이니라"고 말씀합니다. 이 문제를 해결해야 영적으로 성숙한 사람이 되어 하나님께 쓰임 받을 수 있습니다.

어떤 사람들은 "여의도순복음교회 성도들은 질서가 없다."라고 말합니다. 성도들이 많다 보니 예배를 마치고 성전을 나갈 때나 차에 탈 때 질서가 없다는 것입니다. 그러나 문제의 원인은 사람이 많음에 있지 않습니다. 우리가 '나 중심적인 삶', 즉 '육신에 속한 삶'을 살기 때문에 이러한 지적을 받는 것입니다. 질서가 없고 소란과 다툼이 일어나는 것은 영적으로 성숙하지 못한 데에 기인합니다. 그러므로 우리의 속사람이 변화되어야 합니다.

## 1. 육신의 생각

로마서 7장 18절부터 19절은 "내 속 곧 내 육신에 선한 것이 거하지 아니하는 줄을 아노니 원함은 내게 있으나 선을 행하는 것은 없노라 내가 원하는바 선은 행하지 아니하고 도리어 원하지 아니하는바 악을 행하는도다"라고 말씀합니다. 이러한 모습이 바로 옛 사람의 모습입니다. 옛 사람은 죄와 더불어 사는 삶, 죄에 익숙한 삶을 살아갑니다.

갈라디아서 5장 19절부터 21절에는 옛 사람의 모습이 보다 구체적으로 기록되어 있습니다.

"육체의 일은 분명하니 곧 음행과 더러운 것과 호색과 우상 숭배와 주술과 원수 맺는 것과 분쟁과 시기와 분냄과 당 짓는 것과 분열함과 이단과 투기와 술 취함과 방탕함과 또 그와 같은 것들이라 전에 너희에게 경계한 것같이 경계하노니 이런 일을 하는 자들은 하나님의 나라를 유업으로 받지 못할 것이요"

사람에게 해를 끼치거나 범죄를 저지르는 것만이 죄가 아닙니다. 육신의 일을 행하는 것이 곧 '죄' 입니다. 무당을 찾아가서 굿을 하는 것, 이웃과 다투는 것, 남이 잘되는 것을 못마땅하게 여기는 것, 아무것도 아닌 일에 감정을 다스리지 못하고 화를 내는 것, 끼리끼리 모여 분파를 만드는 것, 잘못된 이단 사상을 좇는 것, 질투하는 것, 이 모든 것이 육신의 모습이요, 죄입니다. 우리는 자신 안에 이러한 육신의 모습, 옛 사람의 죄악된 모습이 남아 있지는 않은지 살펴보아야 합니다. 로마서 8장 7절부터 8절은 다음과 같이 경고하고 있습니다.

"육신의 생각은 하나님과 원수가 되나니 이는 하나님의 법에 굴복하지 아니할 뿐 아니라 할 수도 없음이라 육신에 있는 자들은 하나님을 기쁘시게 할 수 없느니라"

쉽게 화내고 다투고 미워하면 하나님을 기쁘시게 할 수 없습니다. 뿐만 아니라 그러한 육신적인 모습은 하나님과 원수가 됩니다. 교회에 가서 예배를 잘 드리고 기도도 많이 하지만 돌아서기만 하면 싸우는 사람은 하나님을 슬프시게 하는 사람입니다. 예수님을 믿었으면 삶이 달라져야 합니다. 예수님을 믿지 않는 것도 죄이지만, 예수님을 믿는다고 하면서 삶이 달라지지 않는 것도 죄입니다.

우리의 큰 문제는 바로 우리 자신이 달라지지 않는 것입니다. 그러므로 이제라도 우리는 철저히 회개하고 변화되어야 합니다. 우리 모두는 "우리 한 사람 한 사람이 예수님을 닮은 예수님의 제자가 되게 하여 주옵소서. 영적으로 성숙한 그리스도인이 되게 하여 주시옵소서!"라고 기도해야 합니다.

정말 중요한 것은 '교회를 얼마나 오래 다녔는가'가 아니라, '얼마나 변화되었는가' 라는 것임을 잊지 말아야 합니다. 나부터 먼저 변화되고 성숙한 그리스도인이 되어야 합니다. 그리할 때 우리 교회를 통해서 사회를 변화시키고 세상을 변화시키는 역사가 일어날 것입니다.

우리는 육신의 일을 버려야 합니다. 우리가 육신에 머물러 있는 한 어떠한 변화나 복이나 기적도 기대할 수 없습니다. 밤낮 "주시옵소서! 주시옵소서!"라고 기도하더라도 변화되지 않은 사람에게는 하나님께서 복을 주실 수 없습니다. 축복을 받을 그릇이 준비되어 있지 않기 때문입니다.

그릇이 깨끗해야 맛있는 음식을 담을 수 있습니다. 음식 찌꺼기가 남아 있는 더러운 그릇에 새 음식을 담을 수는 없습니다. 우리의 마음도 마찬가지입니다. 마음이 육신의 생각으로 가득 차서 더러운 생각의 곰팡이가 슬고 죄가 가득한데 어떻게 주님께서 복을 주실 수 있겠습니까? 복을 달라고 하기 전에 먼저 철저히 회개해야 합니다. 마음의 그릇을 예수님의 보혈로 씻어서 정결하게 해야 합니다. 그리고 난 다음 주님의 도우심을 구해야 주님께서 복을 담아 주십니다.

그런데 육신의 모습과 생각을 버리는 것은 생각처럼 쉽지 않습니다. 옛 사람이 거세게 저항합니다. 옛사람과 새사람의 갈등이 얼마나 치열한지, 한국대학생선교회(CCC)를 창립한 김준곤 목사님의 책에 다음과 같은 이야기가 나옵니다.

어떤 남자 대학생이 예수님을 믿은 후에도 자꾸 음란한 생각이 들어서 고심하다가 새로운 삶을 살겠다는 결단의 표시로 머리를 삭발하였습니다. 그런데 머리를 밀어도 그때뿐이었습니다. 다시 음란한 생각이 들어왔습니다. 그는 머리를 네 번이나 삭발했지만 여전히 음란한 생각이 사라지지 않아서 목사님을 찾아와 고민을 털어놓았다고 합니다.

육신의 생각은 이처럼 끈질깁니다. 우리가 육신을 입고 있는 동안은 육신의 생각이 우리를 지배하려고 합니다. 육신의 생각은 우리를 죄의 유혹 속으로 빠뜨리고 탐욕을 갖게 합니다. 이미 돈을 잘 벌고 있는 사람에게 끝없이 더 많이 벌고 싶은 욕망을 갖게 합니다. '어떻게 하면 하나님의 영광을 위해 돈을 쓸 수 있을까?'를 생각하기보다 '어떻게 하면 돈을 더 모을 수 있을까?'에 관심을 갖게 합니다. 그래서 노사 간의 갈등이 일어납니다. 가진 사람은 더 가지려고만 하고, 없는 사람은 그것을 나누자고 대립하는 것입니다.

요즘 저는 영화나 드라마에서 동성애를 아름답게 그리고 있는 것을 보면서 큰 충격을 받습니다. 그런 영화나 드라마를 보면 젊은이들은 '동성애는 아름다운 것이구나!'라고 잘못된 생각을 하게 됩니다. 심지어 중고등학생들도 동성애를 아름답게 생각하게 되고, 그 결과 부모가 모르는 사이에 청소년 자녀들이 동성애에 빠지는 일이 생깁니다. 그럼에도 불구하고 방송심의위원회에서는 이런 종류의 영화나 드라마를 제재하지 않습니다. 육신의 생각이 세상을 지배하고 있기 때문입니다.

## 2. 영의 생각

우리가 육신의 생각을 하면 죄와 더불어 살게 되고, 영의 생각을 하면 예수님과 더불어 살게 됩니다. 로마서 8장 6절은 "육신의 생각은 사망이요 영의 생각은 생명과 평안이니라"고 말씀합니다. 우리가 예수님을 믿으면 우리에게 그리스도의 영이 임하기 때문에 '영에 속한 사람'이 됩니다.

그런데 우리는 예수님을 믿어 영에 속한 사람이 되었음에도 불구하고 여전히 죄의 유혹을 받습니다. 그 이유는 우리가 여전히 육신을 입고 살기 때문입니다. 그러므로 우리가 영에 속한 삶을 살기 위해서는 끊임없이 몸부림치며 노력해야 합니다.

학생이 좋은 성적을 얻기 위해서는 열심히 공부해야 합니다. 노력 없이 좋은 성적을 거둘 수 없습니다. 영적 성숙도 마찬가지입니다. 끊임없이 자신을 십자가에 못 박으며 변화되기 위해 노력해야 합니다. 그러면 우리가 어떻게 해야 육신의 생각을 버리고 영의 생각을 할 수 있을까요?

첫째로, 영은 곧 하나님의 영이요, 그리스도의 영이라는 것을 잊지 말아야 합니다.

우리가 '영에 속한 사람'이 되면 예수님께서 우리를 다스리십니다. 그렇기 때문에 아침에 일어나면 "예수님, 제 생각과 말과 행동을 주관해 주셔서 제가 오직 믿음으로 살게 하여 주옵소서! 예수님처럼 생각하고, 예수님처럼 말하고, 예수님처럼 행동하게 하여 주옵소서!"라고 기도해야 합니다.

사실 우리는 쉽게 분노하고 소리치고 다툽니다. 특히 자녀가 속을 썩일 때에는 속이 뒤집어져서 먼저 화부터 내고 뒤돌아서서 후회합니다. 그러나 분노하여 큰 소리로 꾸짖는다고 아이들이 달라집니까? 부모가 분노하면 오히려 아이들의 마음이 굳어져서 더 잘못될 수 있습니다. 화를 내기에 앞서 기도해야 합니다. "예수님께서 저를 다스려 주시고 우리 자녀도 다스려 주옵소서."라고 기도해야 합니다.

아내나 남편은 어떻습니까? 고치려고 아무리 노력해도 안 됩니다. 오히려 더 비뚤어질 뿐입니다. 그러므로 "예수님, 제 아내를, 남편을 고쳐서 주님 닮은 사람으로 만들어 주옵소서!"라고 기도해야 합니다.

기도를 시작한 후 얼마 동안은 남편이나 아내가 우리를 더 힘들게 할 수 있습니다. 그 고비를 잘 넘겨야 합니다. 그때 참지 못하고 "당신, 그럴 수 있어?" 하고 소리 지르면 그동안 기도했던 것이 허사가 됩니다. 어떤 성도는 새벽기도회에 다니며 열심히 기도해 놓고 집에 가서 "내가 당신을 위해서 얼마나 기도했는지 알아요? 내가 날마다 새벽기도회에 가서 기도하는데, 당신이 그럴 수 있어요?"라고 소리를 질렀다고 합니다. 안 될 일입니다. 그 소리를 들은 남편은 '새벽에 교회 가서 기도는 안 하고 소리 지르는 것만 배워 왔구먼.' 하고 생각했을 것입니다.

기도했으면 참아야 합니다. 기도하고 참고, 참으면서 기도해야 합니다. 변화가 올 때까지 인내해야 열매를 거둘 수 있습니다.

둘째로, 영으로써 육신을 이겨야 합니다.

로마서 8장 12절부터 13절은 "그러므로 형제들아 우리가 빚진 자로되 육신에게 져서 육신대로 살 것이 아니니라 너희가 육신대로 살면 반드시 죽을 것이로되 영으로써 몸의 행실을 죽이면 살리니"라고 말씀합니다.

우리 안에서 벌어지는 영적 전쟁은 평생토록 하는 싸움입니다. 그런데 이 싸움은 영적으로 성장할수록 쉬워집니다. 처음에는 열 번 싸워서 아홉 번 지고 한 번 이기던 것을, 나중에는 열 번 싸워서 아홉 번 이기게 됩니다. 성령으로 충만하면 열 번 싸워서 열 번 모두 이길 수 있습니다.

영의 사람은 다른 사람에게서 문제의 원인을 찾지 않습니다. 실제로 우리 삶에 일어나는 문제의 원인은 대부분 자기 자신에게 있습니다. 그러므로 다른 사람을 탓하는 것은 아무 소용이 없습니다. 무슨 문제가 생겼을 때 '내가 사람을 잘못 만나서 이런 일이 생겼다.' 라고 생각하지 말고, 내 자신이 먼저 하나님 앞에서 깨어지고 낮아져야 합니다. 그러면 하나님의 은혜가 임하고 문제도 해결됩니다.

그리고 성도 간에는 돈거래를 하지 않는 것이 좋습니다. 평소 가까이 지내는 분에게 많은 돈을 빌려 주었다가 돌려받지 못하면 서로 원수가 되고 맙니다. 이럴 때 돈을 빌려간 사람을 탓하지 말고 돈거래 자체가 올무가 될 수 있음을 생각해야 합니다. 형편이 어려워서 돈을 구하는 사람에게는 빌려 주지 말고 가진 것 중의 일부를 그냥 주는 것이 좋습니다.

제가 아는 분 중에 돈이 많은 분이 있습니다. 그분은 아무리 가까운 친구가 돈을 빌려 달라고 해도 빌려 주지 않습니다. 대신 말없이 그 집에 쌀도 가져다주고 생필품도 보내 줍니다. '내가 이 사람에게 구제비를 주는 것이다.' 라고 생각하며 돕는 것입니다. 그러면 시험에 들 일이 없습니다.

문제가 생겼을 때 육신의 사람은 다른 사람에게서 원인을 찾고 원망, 불평합니다. 그러나 영의 사람은 자신에게서 문제의 원인을 찾고 그 일을 교훈 삼아 발전합니다. 문제의 원인을 자신에게서 찾으면 이후에 같은 문제로 고통을 당하지 않게 됩니다. 문제의 원인을 자신에게서 찾는 것은 대단히 중요한 영적 원리입니다.

셋째로, 하늘나라를 상속받을 하나님의 자녀임을 잊지 말아야 합니다.

성령께서는 우리가 하나님의 자녀임을 증거합니다. 성경은 "무릇 하나님의 영으로 인도함을 받는 사람은 곧 하나님의 아들이라"롬 8:14고 말씀하며, 또 "자녀이면 또한 상속자 곧 하나님의 상속자요 그리스도와 함께 한 상속자니 우리가 그와 함께 영광을 받기 위하여 고난도 함께 받아야 할 것이니라"롬 8:17고 말씀합니다.

우리는 예수님을 믿은 순간 하나님의 상속자가 되었습니다. 그런데 우리가 하나님께서 예비하신 복을 상속받기 위해서는 이 땅에 사는 동안 고난도 함께 받아야 합니다. 그 고난 중에 가장 기본적인 것이 바로 나의 옛 사람을 십자가에 못 박는 일입니다.

사람은 고난이 없으면 깨어지지 않습니다. 하는 일마다 잘 되고 사람들에게 늘 칭찬을 받으면 믿음이 제대로 성장하지 않습니다. 이러한 사람은 환난의 찬바람만 불어와도 쉽게 낙심하고 주저앉게 됩니다. 살다 보면 때로 부부간에 큰 갈등과 대립이 생기기도 하고, 믿지 않는 사람들에게 박해를 받기도 하고, 예수님을 믿는다는 이유로 직장 상사에게 어려움을 당하기도 합니다. 그러나 이러한 고난을 잘 참고 이겨 내면 하나님께서 예비하신 은혜와 복을 받게 됩니다.

고난이 없는 것은 축복이 아닙니다. 대개 부잣집 자녀는 '아버지가 돌아가시면 아버지의 재산이 다 내 것이 되겠구나!' 하는 생각 때문에 일을 하지 않는다고 합니다. 제가 아는 분 중에 굉장히 많은 부동산을 소유하신 분이 있는데, 하루는 그분이 제게 와서 "목사님, 저에게는 아들들이 십자가입니다."라고 말했습니다. 아들들이 일은 하지 않고 밤낮 아버지의 재산이 얼마인지만 헤아리고 있다는 것입니다. 그러면서 그분은 "제 재산이 어디 있는지 저보다 제 아들들이 더 잘 알고 있어요."라고 한탄했습니다. 안락하고 좋은 환경으로 인해 그들은 꿈을 잃고 자립심도 잃고 장차 받을 유산만을 기다리는 사람이 되고

만 것입니다.

　세상 사람들은 육신의 축복을 바라보며 세월을 허송합니다. 그러나 영에 속한 사람들은 하나님 나라의 축복, 영원한 축복을 바라보며 힘써 일합니다. 그리고 그 영원한 축복을 위해 기꺼이 고난을 감수합니다. 고난을 통해 그리스도와 함께 영광 받을 것을 바라보기 때문입니다.

　성령께서는 이러한 영적 성장의 과정 속에서 우리를 도우십니다. 로마서 8장 26절은 "이와 같이 성령도 우리의 연약함을 도우시나니 우리는 마땅히 기도할 바를 알지 못하나 오직 성령이 말할 수 없는 탄식으로 우리를 위하여 친히 간구하시느니라"고 말씀합니다. 성령께서는 기도를 통하여 우리를 도우시는 것입니다.

　그러므로 우리가 영의 생각으로 살기 위해서는 기도해야 합니다. 우리의 삶의 처소를 기도의 처소로 만들어야 합니다. 직장에 다니는 분은 다른 사람보다 한 시간 일찍 출근하여 30분 이상 하나님의 말씀을 묵상하고 기도한 후 하루 일과를 시작해야 합니다. 회사를 경영하는 분도 직원들보다 한 시간 먼저 출근하여 말씀을 묵상하고 기도한 후 일을 시작해야 합니다. 가정주부도 아침에 일어나서 제일 먼저 하나님의 말씀을 묵상하고 가족을 위해 기도해야 합니다. 우리 모두는 이렇게 기도해야 합니다.

"하나님, 제가 영에 속한 사람으로서 살게 하여 주옵소서. 육신에 속한 사람이 되어 상처받고 피로워하며 다툼과 미움 속에 살지 않게 하시고, 우리 가정과 직장과 사업장과 교회를 위해 기도하는 영적인 사람이 되게 하여 주옵소서!"

기도는 우리 자신을 변화시키고 가정과 직장과 사업장을 변화시키고 교회를 변화시키는 놀라운 힘이 있습니다. 우리가 기도할 때 성령께서 도와주시므로 육신의 생각을 이기고 영의 사람으로 살아갈 수 있게 됩니다. 기도는 우리의 영을 자라게 하고 강하게 합니다.

기도를 통하여 우리 속사람이 날로 강건해지고 영으로써 육신을 이기는 승리의 삶을 살아가게 되시기를 간절히 소원합니다.

### 육신의 생각, 영의 생각

성숙한 그리스도인이 되기 위해서는 우리의 생각에 근본적인 변화가 일어나야 한다. 근본적 변화는 바로 육신의 생각을 버리고 영의 생각을 받아들이는 것이다.

1. 육신의 생각은 하나님과 원수가 되며 우리를 죄악으로 끌고 간다.
2. 영의 생각은 우리를 예수님과 더불어 살게 한다. 영의 생각은 곧 성령의 생각이다. 우리는 성령님께서 주시는 생각으로 육신을 이겨야 한다. 또한 우리는 하늘나라를 상속받을 하나님의 자녀이다. 그러므로 고난과 역경이 있어도 하나님을 의지하고 영의 생각으로 살며 승리해야 한다.

SPIRITUAL GROWTH

영적 성장의
길

# 제 2 일

# 영의 생각으로
# 지배받는 삶의 비결

이로써 그 보배롭고 지극히 큰 약속을 우리에게 주사 이 약속으로 말미암아 너희가 정욕 때문에 세상에서 썩어질 것을 피하여 신성한 성품에 참여하는 자가 되게 하려 하셨느니라 그러므로 너희가 더욱 힘써 너희 믿음에 덕을, 덕에 지식을, 지식에 절제를, 절제에 인내를, 인내에 경건을, 경건에 형제 우애를, 형제 우애에 사랑을 더하라 이런 것이 너희에게 있어 흡족한즉 너희로 우리 주 예수 그리스도를 알기에 게으르지 않고 열매 없는 자가 되지 않게 하려니와 _벧후 1:4-8

*Spiritual Growth*

SPIRITUAL GROWTH

      우리는 육신의 정욕을 따라 이 세상의 썩어질 모습으로 살지 말고 신성한 성품, 즉 하나님의 성품에 참여하는 영적인 사람으로 살아야 합니다. 영적인 사람으로 산다는 것은 믿음으로 출발하여 믿음 위에 덕을 쌓고, 덕 위에 말씀의 지식을 쌓으며, 지식 위에 절제를, 절제 위에 인내를, 인내 위에 경건을, 경건 위에 형제 우애를, 형제 우애 위에 사랑을 쌓는 것을 의미합니다 벧후 1:5-7.

    저는 '형제 우애'라는 말씀을 묵상하면서 신앙생활의 가장 큰 어려움은 믿는 사람들과 부딪치는 데서 온다는 것을 깨달았습니다. 종종 오랫동안 신앙생활을 한 사람들이 별것 아닌 일로 서로 다투고 상처를 주고받는 것을 봅니다. 우리는 모두가 서로 용납하고 사랑하며 성령이 하나 되게 하신 것을 힘써 지켜야 합니다.

에베소서 4장 3절은 "평안의 매는 줄로 성령이 하나 되게 하신 것을 힘써 지키라"고 말씀합니다. 우리는 죄짓고 불의하고 방탕한 길로 가는 사람을 바로잡아 주어야 합니다. 하지만 서로 다른 부분은 이해하고 용납해야 합니다. 우리는 서로 성격이 다르고 섬기는 모습이 다를 뿐, 주님 보시기에는 모두 귀한 사람들입니다. 그러므로 서로 사랑하고 용서하며 이해하고 하나가 되어야 합니다.

어떤 경우에도 교회 안에서 사소한 일로 다투지 말아야 합니다. 어떤 일로 시비를 걸면 "죄송합니다. 제가 당신의 감정을 상하게 했으면 용서하세요"라고 말해야 합니다. '그래, 누가 옳은가 끝까지 한번 따져 보자!' 라고 생각하고 대립하면 하나님께서 기뻐하시지 않습니다. 설사 상대방이 실수했더라도 싸우지 말아야 합니다. 믿는 사람끼리 싸우면 마귀가 좋아합니다. 그러므로 우리는 그리스도 안에서 서로 사랑해야 합니다. 형제 우애 위에 사랑을 더하면 '영적인 사람의 모습'이 완성됩니다.

## 1. 영의 생각으로 충만한 삶

우리가 신성한 성품에 참여하는 자, 즉 '영에 속한 사람'이 되려면 성령으로 충만한 삶을 살아야 합니다. 에베소서 5장 18절은 "술 취하지 말라 이는 방탕한 것이니 오직 성령으로 충만함을 받으라"고 말씀합니다. 그러므로 우리는 자신이 성령으로 충만한지 그렇지 않은지를 늘 점검해 보아야 합니다. 우리가 성령으로 충만한지 여부는 성령의 열매를 통해 분별할 수 있습니다.

"오직 성령의 열매는 사랑과 희락과 화평과 오래 참음과 자비와 양선과 충성과 온유와 절제니 이 같은 것을 금지할 법이 없느니라" 갈 5:22-23

성령의 첫 번째 열매는 사랑이고 두 번째 열매는 희락, 즉 기쁨입니다. 그러므로 성령 충만하면 마음이 기쁩니다. 마음이 답답하고 우울하고 괴롭다면 성령 충만한 상태가 아닙니다. 그러나 예수님을 생각만 해도 마음이 좋고 기쁘고 행복하다면 성령으로 충만한 것입니다.

예수님을 생각해도 아무런 감동이 없다면 기도하고 찬양하고 하나님의 말씀을 묵상하여 성령 충만을 회복해야 합니다. 우리가 찬양을 하면 성령께서 놀랍게 역사하십니다. 이러한 사실은 성경을 통해서 확인할 수 있습니다. 하나님의 종 엘리사는 거문고를 타고 찬양할 때 성령이 임해서 예언하였으며왕하 3:15-16, 다윗이 수금을 들고 찬양할 때 사울에게 붙었던 악령이 떠나갔습니다삼상 16:23. 그러므로 기도가 잘 안 될 때에는 곡조 붙은 기도인 찬양을 많이 해야 합니다. 계속 찬양을 하다 보면 성령께서 역사하셔서 은혜가 충만해지고 기쁨이 샘솟게 됩니다.

저는 성령 침례를 받은 후에 기도만 하면 눈물이 났습니다. 그 눈물은 예수님께서 저를 대신하여 돌아가신 십자가 사랑에 대한 감사의 눈물이었습니다. 기도하면서 감사의 눈물을 흘리고 나면 마음속에 기쁨이 충만해졌습니다. 그래서 교회에 들어갈 때에는 어깨를 축 늘어뜨리고 들어갔다가도 나올 때에는 가슴을 활짝 펴고 나왔습니다. '예수님께서 나를 사랑하신다. 나를 너무너무 사랑하신다. 이 세상에서 나를 제일 사랑하신다.'라는 생각에 책가방을 들고 신이 나서 집으로 뛰어갔던 기억이

납니다.

저는 우리 교회 인터넷 게시판에 "목사님, 통성 기도를 하다가 성령 충만을 받았습니다.", "기도원에 가서 기도하다가 성령을 받았습니다.", "대예배 시간에 성령을 받았습니다."라는 글이 올라온 것을 많이 보았습니다. 이렇게 성령 충만을 받는 것은 모든 그리스도인이 가져야 할 체험입니다. 그런데 성령 충만은 한번 받았다고 해서 그것이 자동으로 지속되는 것은 아닙니다. 기도하지 않으면 성령 충만이 지속되지 않습니다. 성령으로 충만하지 않으면 영적으로 게을러져서 예배를 소홀히 하고 성경도 읽지 않습니다. 기쁨이 점점 사라지고 마음도 무거워집니다. 그러므로 우리는 늘 성령으로 충만하기 위해 기도해야 합니다.

## 2. 하나님의 말씀을 사랑하는 삶

우리가 성령으로 충만한 삶을 살기 위해서는 하나님의 말씀을 사랑하여야 합니다. 시편 1편에 의하면, 말씀을 사랑하는 사람이 복 있는 사람입니다.

"복 있는 사람은 악인들의 꾀를 따르지 아니하며 죄인들의 길에 서지 아니하며 오만한 자들의 자리에 앉지 아니하고 오직 야훼의 율법을 즐거워하여 그의 율법을 주야로 묵상하는도다 그는 시냇가에 심은 나무가 철을 따라 열매를 맺으며 그 잎사귀가 마르지 아니함 같으니 그가 하는 모든 일이 다 형통하리로다" 시 1:1-3

복 있는 사람, 즉 하나님께서 인정하시는 영적인 사람은 하나님의 말씀을 즐거워하여 그 말씀을 주야로 묵상합니다. 그러므로 우리가 복 있는 사람이 되기 위해서는 늘 하나님의 말씀을 묵상함으로 하나님의 말씀과 동행하는 삶을 살아야 합니다.

저희 할아버지께서는 본래 평양에서 사시다가 1948년에 가족을 데리고 월남하셨습니다. 그때 일화를 들으면 마치 영화의 한 장면 같습니다. 할아버지께서는 월남하기 위해 미리 황해도 해주에 가서 통통배를 빌려 놓으시고, 시간을 정하여 온 가족이 그 곳에 각자 모이도록 하셨습니다. 가족들을 배 밑바닥에 숨기고 그 위에 생선 상자를 얹어 가려 놓고 야음을 틈타 38선을 넘으셨다고 합니다. 당시 월남하다 발각되면 잡혀 가서 감옥에 들어가기 때문에 가족 모두 평상시에 입던 옷을 그대로 입고 나왔다고 합니다. 재봉틀 상회를 경영하셨던 할아버지께서는 재산을 다 두고 평상복 차림으로 가방 하나만 들고 나오셨습니다. 중학생이던 삼촌도 학생복을 입은 채로 식구들과 함께 38선을 넘었습니다.

그때 할아버지의 가방 속에는 성경책과 주석책만 들어 있었습니다. 저희 집안은 손이 귀해서 북한에 살 당시 집에 족보가 많이 쌓여 있었지만 할아버지께서는 "족보도 필요 없고 집문서나 돈도 필요 없다."라고 말씀하시며 성경책만 들고 오셨다고 합니다. 할아버지께서는 하나님의 말씀 안에 온갖 보물이 담겨 있다는 것을 알고 계셨던 것입니다. 저는 지금도 그 낡고 오래된 주석책을 풀로 붙여 가며 늘 들여다 보셨던 할아버지의 모습이 생각납니다.

성경에서 가장 긴 장(章)으로 알려진 시편 119편은 무려 176절로 이루어져 있습니다. 이 176절이 모두 '하나님의 말씀'을 강조하고 있습니다. 그중 1절은 "행위가 온전하여 야훼의 율법을 따라 행하는 자들은 복이 있음이여"라고 말씀하며, 105절에는 "주의 말씀은 내 발에 등이요 내 길에 빛이니이다"라고 기록되어 있습니다. 시편 119편 전체가 말씀의 중요성을 강조하고 있습니다.

하나님의 말씀이 곧 '축복의 통로' 입니다. 그러므로 하나님의 은혜를 받기 위해서는 하나님의 말씀을 읽고, 듣고, 공부하고, 암송하고, 묵상해야 합니다. 또한 우리의 생각을 하나님의 생각으로 채우기 위해서 하나님의 말씀을 읽어야 합니다. 예수 그리스도를 믿는 성도라면 적어도 1년에 한 번은 꼭 성경 전체를 정독해야 합니다. 그리고 새벽기도회에 나오는 분들은 1년에 두세 번 성경을 읽어야 합니다.

하나님의 말씀의 기초가 없으면 자주 시험에 들거나 넘어집니다. 그러나 하나님의 말씀 위에 서 있는 사람은 쉽게 시험에 들지 않고 낙심하지도 않습니다. 마음속에 하나님의 말씀이 깊이 뿌리를 내리면 좌로나 우로나 흔들리지 않기 때문입니다.

하나님께 위대하게 쓰임 받은 분들은 모두 하나님의 말씀을 중요하게 여긴 사람들입니다. 미국의 제16대 대통령인 에이브러햄 링컨Abraham Lincoln은 제대로 된 교육을 한 번도 받지 못한 사람입니다. 그가 받은 유일한 교육은 그의 어머니를 통해 하나님의 말씀을 공부하고 암송한 것인데, 바로 그 하나님의 말씀이 그를 미국 대통령의 자리에까지 올려놓았습니다.

세상적인 학문으로 석박사 학위를 받았어도 하나님의 말씀을 모르면 무식한 사람입니다. 세계적인 과학자라는 사람이 하나님의 존재를 부인하면서 우주가 우연히 생겨났다고 주장하는 것을 보면 알 수 있습니다.

미국의 육군 퇴역 장군인 루 월레스Lew Wallace는 남북전쟁 때 큰 공로를 세운 사람으로서 외교관으로도 활약했습니다. 무신론자였던 그는 친구가 자꾸 예수님을 믿으라고 전도하자 성경이 거짓임을 증명하기 위해 성경을 읽기 시작했습니다. 그러다가 성경을 두 번째 읽던 중 예수님을 구주로 영접했습니다. 그리고 나서 쓴 소설이 바로 그 유명한 『벤허』Ben-Hur입니다.

성경 안에 구원의 길이 있고, 생명과 축복의 길이 있습니다. 하나님의 모든 은혜가 성경 안에 있습니다. 물론 성경을 읽다 보면 어렵고 이해하기 힘든 부분이 나오기도 합니다. 레위기나 출애굽기에는 제사법에 관련된 내용이 많기 때문에 읽으며 은혜받기가 쉽지 않습니다. 그럴 때는 이해가 되지 않더라도 읽으면서 넘어가는 것이 좋습니다. 고기를 먹다 보면 연한 부분도 있고 질긴 부분도 있는 것처럼, 성경에도 쉽게 이해되는 부분이 있고 그렇지 않은 부분도 있습니다. 그러나 고기를 먹을 때 질긴 부분도 자꾸 씹으면 맛을 느낄 수 있는 것처럼, 성경도 자꾸 읽다 보면 처음에 어렵고 복잡하게 보이던 부분도 이해할 수 있게 됩니다. 그러므로 계속해서 성경을 읽는 것이 중요합니다.

## 3. 항상 하나님과의 만남의 시간을 가지는 삶

첫째로, 항상 하나님과 교제하기 위해서는 먼저 정기적인 만남의 시간을 가져야 합니다.

요즘 젊은이들은 친구들에게 문자를 많이 보냅니다. 분명히 방금 "잘 가!" 하고 헤어졌는데 또 문자를 보냅니다. 왜 그럴까요? 친구를 좋아하고 사랑하기 때문입니다.

하나님과 우리의 관계도 마찬가지입니다. 우리가 진정으로 주님을 사랑하면 주님과 정기적으로 만남의 시간을 갖게 됩니다. 정기적인 만남의 시간으로는 주변의 방해가 없고 조용한 새벽 첫 시간이 좋습니다. 새벽에 교회에 나와서 하나님의 말씀을 듣고 기도로 하루를 시작하면 하루 종일 주님과 동행할 수 있습니다.

둘째로, 항상 하나님과 교제하기 위해서는 때때로 한적한 곳에서 만남의 시간을 가져야 합니다.

예수님께서는 오병이어의 기적을 행하신 후에 제자들을 먼저 갈릴리 바다 건너편으로 보내시고 혼자 남아 기도하셨습니다. 이에 대해 마태복음 14장 23절에는 "무리를 보내신 후에 기도하러 따로 산에 올라가시니라 저물매 거기 혼자 계시더니"라고 기록되어 있으며, 누가복음 5장 16절은 "예수는 물러가사 한적한 곳에서 기도하시니라"고 말씀하고 있습니다. 예수님께서는 그 누구의 방해도 받지 않고 오직 하나님과 교제하기 원하셨던 것입니다.

기도할 때에는 방해를 받지 않도록 해야 합니다. 그래서 사람들이 새벽에 기도하고 기도굴에 들어가서 부르짖는 것입니다. 저는 어렸을 때 늘 어머니의 기도 소리를 들으면서 잠에서 깨어났습니다. 제가 고등학교 3학년 때 새벽 4시에 깨어도 어머니는 이미 그 전에 일어나서 기도하고 계셨습니다. 아무도 깨지 않은 조용한 시간에 주님과 일대일로 만나서 교제하신 것입니다. 한적한 곳에서 주님을 만나는 시간을 갖는 것이 중요합니다.

셋째로, 하나님과 항상 교제하기 위해서는 하루 24시간 중 하나님과의 만남의 시간을 가장 중요한 시간으로 생각하고 생활해야 합니다.

세상 사람들은 성공하기 위해 잠을 줄여 가며 자신에게 투자합니다. 여의도에서는 직장인들이 영어, 일어, 중국어 등 외국어를 공부하기 위해 새벽에 학원으로 몰려가는 것을 볼 수 있습니다. 공부를 해야 직장에서 승진할 수 있고 더 나은 직장으로 옮겨 갈 수 있기 때문에 몸부림치며 공부하는 것입니다.

그러나 인생의 성공은 하나님의 주권에 달려 있습니다. 사람이 아무리 애쓰고 노력해도 하나님께서 함께하시지 않으면 허사입니다. 그러므로 우리는 하나님께 잘 보여야 합니다. 새벽에 하나님과 깊은 교제를 하시기 바랍니다. 하나님께서 우리를 인정하시면 평생 하나님의 큰 복을 누리며 살게 될 것입니다.

우리는 그 무엇보다도 하나님과의 만남의 시간을 중요하게 여겨야 합니다. 새벽마다 교회에 나와서 하나님의 말씀을 듣고 기도하는 시간을 소중하게 여기면 하나님께서 반드시 복을 주십니다.

우리는 하나님과의 만남의 시간을 통해 영적으로 늘 깨어 있어야 합니다. 로마서 13장 11절은 '지금'을 가리켜 '자다가 깰 때'라고 말씀합니다. 그러므로 잠을 한두 시간 덜 자더라도 정신을 차리고 일어나 주님의 은혜를 사모해야 합니다. 영적으로 부지런해야 합니다. 주님을 섬기는 일에 게으르면 주님의 은혜가 사라져 버리고 맙니다. 몸이 조금 피곤하더라도 열심을 내어 일찍 일어나서 주님 앞에 나와 기도하고 부르짖으면 주님께서 새 힘을 주십니다.

우리는 예수 그리스도 안에서 거듭난 하나님의 사람들입니다. 더 이상 세상에 속하여 살지 않습니다. 비록 몸은 이 땅에 살지만 우리는 하늘에 속한 사람들입니다. 그러므로 세상에 속한 육신을 이기고 영으로 살아야 합니다.

영의 사람은 생각이 영적인 것으로 충만합니다. 하나님의 말씀을 사랑하고 무엇보다 하나님과의 만남을 소중히 생각합니다. 육신에 속한 옛 사람의 저항을 이기고 날마다 영의 사람으로 살아갑니다.

우리 모두 하나님 안에서 이러한 영의 사람으로서 매일매일 승리하시기를 간절히 소원합니다.

## 영적 성장의 길 - 경건 훈련

영의 생각으로 지배받는 그리스도인들은 서로 화목하고 하나가 된다. 반목하고 충돌하는 것은 영의 생각의 지배를 받지 않기 때문이다. 영의 생각으로 충만하게 되는 비결은…

1. 성령 충만을 받는 것이다. 성령 충만하면 감격과 감사가 넘치는 삶을 살게 되며 육신을 이기게 된다.
2. 하나님의 말씀을 사랑하는 것이다. 목숨을 걸고 하나님의 말씀을 사랑하라. 놀라운 은혜와 기적을 체험하게 될 것이다.
3. 항상 하나님과의 만남의 시간을 가지는 것이다. 분주한 생활 가운데 반드시 시간을 내어 하나님과 교제하라. 영의 생각으로 지배받는 성공적인 인생을 살게 될 것이다.

SPIRITUAL GROWTH

# 영적 성장의 길

# 제 3 일
# 고난과 영적 성장

다만 이뿐 아니라 우리가 환난 중에도 즐거워하나니
이는 환난은 인내를, 인내는 연단을, 연단은 소망을
이루는 줄 앎이로다 _롬 5:3-4

*Spiritual Growth*

SPIRITUAL GROWTH

신앙생활을 하다 보면 유난히 많은 고난을 겪는 분들을 만납니다. 그들은 다른 사람에 비해 더 힘들고 어려운 인생을 사는 것 같은 느낌을 받습니다. "저는 왜 이렇게 힘들고 어려운 인생을 사는지 모르겠습니다. 저는 어렸을 때부터 부모님의 사랑을 제대로 받지 못하고 자랐습니다. 늘 혼자였습니다. 부모님이 갈라서고 난 다음 제 삶은 더 절망적이었습니다. 그때 이후 제 삶에 무엇 하나 제대로 되는 일이 없는 것 같습니다."라고 말하는 분도 있습니다.

그러나 우리가 예수님 안에 거하면 고난이 전부가 아닙니다. 하나님 안에서 고난은 축복의 보자기와 같습니다. 하나님께서 우리에게 '축복'이라는 선물을 '고난'이라는 보자기에 싸서 주시기 때문입니다. 우리가 하나님께서 주신 축복을 받기 위해서는 고난의 보자기를 풀어야 합니다. 물론 고난의 보자기를 푸는 과정이 쉽지는 않습니다. 힘들고 어렵습니다. 그러나 그 고난의 보자기를 다 풀고 나면 하나님께서 예비하신 은혜와 축복이 우리를 기다리고 있는 것을 발견할 수 있습니다.

밤이 깊으면 새벽이 밝아 오듯이 고난의 깊은 밤이 지나고 나면 영광의 새벽이 다가옵니다. 그러므로 고난당할 때 쉽게 낙심하거나 좌절하지 말고 '믿음의 주요 또 온전하게 하시는 이인 예수님'을 바라보아야 합니다히 12:2.

우리는 하나님께서 허락하신 고난을 통해 성장합니다. "아이들은 아프면서 큰다."라는 말이 있습니다. 아이들은 성장하면서 자주 아픕니다. 조금 춥다 싶으면 금세 콧물을 흘리고, 조금만 부주의하게 음식을 먹여도 설사를 합니다. 그래서 아이를 기르는 엄마들은 밤잠을 제대로 못 자는 경우가 많습니다.

저는 한 성도의 아이가 유독 잔병치레를 많이 하는 것을 보고 '저 아이가 제대로 자랄 수 있을까?'라고 생각한 적이 있습니다. 그런데 세월이 지난 후 그 성도가 키도 훤칠하고 건장한 청년을 데리고 와서 "목사님, 우리 아이입니다."라고 소개하는 것을 보고 '괜한 걱정을 했구나.'라고 생각했습니다.

아이는 아프면서 면역력이 생겨납니다. 면역력은 체력을 강하게 합니다. 신앙도 마찬가지입니다. 우리가 고난을 이겨

내면 영적인 면역력이 생겨서 믿음이 점점 강해집니다. 그러므로 우리는 고난을 피하지 말고 싸워 이겨야 합니다.

하나님께서 우리 개인에게 고난을 허락하시는 이유는 우리의 어린 신앙이 예수 그리스도의 장성한 분량에 이르도록 훈련하시기 위함입니다엡 4:13. 교회적인 차원의 어려움을 허락하시는 이유도 교회를 성숙하게 만드시기 위함입니다. 그러므로 혹시 "우리 교회에 무슨 문제가 있다."라는 말을 들으면 '하나님께서 우리 교회에 축복을 주시려나 보다!' 라고 생각하며 엎드려 기도해야 합니다. 기도는 하지 않으면서 "무슨 일인데? 뭐가 문제야?"라고 하며 사람들의 말에 귀를 기울이면 안 됩니다. 기도하여 하나님의 음성을 들어야 합니다. 우리가 오직 하나님의 말씀을 믿고 주님만 따라가면 개인이나 교회 모두 고난을 통해 반석 위에 서게 될 것입니다.

## 1. 고난 속에서 하나님의 뜻을 찾으라

요나서 1장 3절부터 4절에는 "그러나 요나가 야훼의 얼굴을 피하려고 일어나 다시스로 도망하려 하여 욥바로 내려갔더니 마침 다시스로 가는 배를 만난지라 야훼의 얼굴을 피하여 그들과 함께 다시스로 가려고 뱃삯을 주고 배에 올랐더라 야훼께서 큰 바람을 바다 위에 내리시매 바다 가운데에 큰 폭풍이 일어나 배가 거의 깨지게 된지라"고 기록되어 있습니다.

요나는 이방 사람인 니느웨 사람들이 회개하고 하나님의 복을 받는 것이 싫었습니다. 그래서 "니느웨로 가서 외치라"욘 1:2는 하나님의 명령에 불순종하고 다시스로 갔습니다. 이것을 보신 하나님께서는 바다에 큰 폭풍이 일어나게 하셨습니다. 요나가 하나님의 말씀에 순종하여 니느웨로 갔더라면 폭풍을 만나지 않았을 것입니다. 하나님의 뜻을 저버리고 다른 길로 갔기 때문에 폭풍을 만난 것입니다.

우리가 당하는 대부분의 고난은 우리의 잘못으로 인해 다가옵니다. 우리가 마땅히 해야 할 기도와 감사는 하지 아니하고 오히려 미워하고 시기하고 모함하고 헐뜯고 소리치고 다투며 하나님의 뜻대로 살지 않기 때문에 고난을 당합니다. 이 고난을 통해 하나님께서 우리를 깨뜨리십니다.

저는 브라질의 광부들이 금광에서 금을 캐는 모습을 본 적이 있습니다. 광부들이 금광을 뚫고 들어가서 금이 가장 많이 함유된 돌들을 싣고 나오면 그 돌들을 깨뜨려서 컨베이어 벨트

위에 올려놓습니다. 그 다음 그 돌들을 작게 부숩니다. 이렇게 부서진 돌들을 물로 씻어 불순물을 제거합니다. 그런 다음 그 돌가루들을 불꽃이 이글거리는 용광로 속에 넣으면 금물이 뚝뚝 떨어져 나옵니다. 돌이 금으로 제련되는 것입니다.

하나님께서 우리를 정금같이 만드시는 과정도 이와 유사합니다. 먼저 고난의 방망이로 우리를 깨뜨리십니다. 그리고 말씀의 물로 씻어 주시고 성령의 불로 태우십니다. 그 후에 우리에게 붙어 있는 욕심, 사나움, 남을 할퀴고 못살게 구는 나쁜 습관, 교만과 같은 불순물을 제거하기 위해 고난의 용광로를 통과하게 하십니다. 그러면 우리가 정금같이 되어 나오게 됩니다.

왜 부부가 자주 다툽니까? 남편과 아내의 자아가 깨어지지 않았기 때문입니다. 손바닥도 마주쳐야 소리가 납니다. 한쪽 손바닥만으로는 소리가 나지 않습니다. 그러므로 남편과 아내의 자아가 깨어져야 합니다. 깨어질 때는 아프지만, 깨어지고 나면 다툼이 사라지고 불순종과 교만이 사라집니다. 교회에서 생기는 모든 문제도 깨어지지 않은 사람들 때문에 생깁니다. 그러므로 '고난'이 필요합니다.

욥은 하루아침에 아들 일곱과 딸 셋을 잃고 재산도 모두 잃었습니다. 게다가 사탄의 공격으로 그의 발바닥부터 정수리까지 온몸에 종기가 났습니다. 욥이 재 가운데 앉아서 질그릇 조각으로 몸을 긁고 있을 때 그의 아내가 "하나님을 욕하고 죽으라"욥 2:9고 말했습니다. 그의 친구들은 욥이 죄를 지어서 고난을 당하는 것이라고 비난하였습니다. 그럼에도 불구하고 욥은 하나님을 원망하지 않았습니다.

"욥이 일어나 겉옷을 찢고 머리털을 밀고 땅에 엎드려 예배하며 이르되 내가 모래에서 알몸으로 나왔사온즉 또한 알몸이 그리로 돌아가올지라 주신 이도 야훼시요 거두신 이도 야훼시오니 야훼의 이름이 찬송을 받으실지니이다 하고 이 모든 일에 욥이 범죄하지 아니하고 하나님을 향하여 원망하지 아니하니라"욥 1:20-22

욥이 왜 그렇게 큰 고난을 당하게 되었을까요? 하나님께서 욥을 온전하게 하시기 위해 고난을 허락하셨기 때문입니다. 욥은 고난을 당하기 전에는 스스로 의롭다고 생각하였습니다. 그러나 고난을 통해 자신의 생각이 잘못되었고 하나님 한 분만이 완전하시다는 것을 깨달았습니다. 하나님께서는 욥의 이러한 모습을 보시고 그에게 갑절의 복을 주셨습니다욥 42:10.

시편 119편 71절은 "고난당한 것이 내게 유익이라 이로 말미암아 내가 주의 율례들을 배우게 되었나이다"라고 말씀합니다. 사람은 대부분 고난을 당하기 전에는 '내가' 잘난 줄 알고 모든 일을 '내 뜻대로' 하려고 합니다. 그래서 "내가, 내가!" 하면서 삽니다. 그러나 고난을 당하면 삶의 주어가 바뀝니다. 모든 일에 "주님, 주님" 하면서 주님의 뜻을 구합니다. 주님의 은혜가 아니면 살 수 없다는 것을 깨닫게 됩니다. 그러므로 고난을 당하는 것이 우리에게 유익입니다.

### 2. 시험과 유혹을 구분하라

고난에는 두 가지 종류가 있습니다. 그중 하나는 '시험'이고, 또 하나는 '유혹'입니다.

'시험'은 영어로 'test'인데, 학생들이 보는 시험과 같은 의미입니다. 대부분 학생들은 시험 보는 것을 싫어합니다. 그런데도 학교에서는 학생들에게 시험을 치르게 합니다. 실력을 향상시켜 주기 위해서입니다. 초등학교, 중학교, 고등학교, 대학교를 다니면서 학생들은 계속해서 시험을 보고 실력이 향상되고 성장합니다.

마찬가지로 하나님께서는 우리의 신앙을 성장시키시기 위해 고난이라는 시험을 치르게 하십니다. 그 시험을 통과해야 우리의 신앙이 한 단계 올라갑니다. 고린도전서 10장 13절은 "사람이 감당할 시험 밖에는 너희가 당한 것이 없나니 오직 하나님은 미쁘사 너희가 감당하지 못할 시험 당함을 허락하지 아니하시고 시험 당할 즈음에 또한 피할 길을 내사 너희로 능히 감당하게 하시느니라"고 말씀합니다. 그러므로 우리가 시험을 당하면 잘 극복해야 합니다.

또한 시험은 한 번만 치르고 마는 것이 아닙니다. 우리는 계속해서 성장해야 하기 때문에 시험을 치르고 또 치러야 합니다.

고난의 두 번째 유형인 '유혹'은 영어로 'temptation'입니다. 예수님께서 가르쳐 주신 주기도문에 나오는 '시험'이 바로 이 '유혹'입니다.

"우리를 '시험'에 들게 하지 마시옵고 다만 악에서 구하시옵소서 (나라와 권세와 영광이 아버지께 영원히 있사옵나이다 아멘)" 마 6:13

유혹은 무조건 피해야 합니다. 유혹에는 장사가 없습니다. 유혹의 자리에서 "안 돼! 안 돼! 안 돼!"라고 한다고 유혹이 물러가지 않습니다. 유혹의 자리를 떠나야 합니다.

요셉이 유혹을 당했을 때 어떻게 했습니까? 그는 유혹을 피해 도망갔습니다. 창세기 39장 13절에는 "그 여인이 요셉이 그의 옷을 자기 손에 버려두고 도망하여 나감을 보고"라고 기록되어 있습니다. 그런데 유혹의 자리에서 도망갈 때 조심할 것이 있습니다. 옷을 놓고 도망하면 안 됩니다. 오해를 받고 누명을 쓸 증거를 남겨서는 안 되는 것입니다. 요셉은 그의 옷을 보디발의 아내의 손에 버려두고 도망했기 때문에 누명을 쓰고 감옥에 가게 되었습니다창 39:12-20. 그래서 재미있는 표현으로 '들고 튀어라'는 말이 있습니다.

직장에 다니는 사람은 회식 자리에서 술을 마셔야 할 상황에 처하게 되면 처음부터 분명한 태도를 취해야 합니다. 그렇지 않으면 계속해서 그 문제로 시달리게 됩니다. 때로는 회식 자리에서 "나도 크리스천이야. 마셔, 마셔!"라고 말하는 사람을 만나기도 하는데, 그런 허탄한 말에 귀를 기울여서는 안 됩니다.

저는 태어나서 지금까지 술을 마셔 본 적이 없습니다. 저는 4대째 기독교 집안에서 태어난 데다 워낙 집안이 보수적이었기 때문에 술이라고는 구경도 못했습니다. 그런데 한번은 제가 친구 집에 갔더니 그 친구 선배가 와 있었는데 그 선배가 저에게 술을 권했습니다. "술 한번 마셔 봐! 나도 교회에 다녀."라고 말하면서 자꾸 권하는 바람에 할 수 없이 잔을 받기는 했지만 마시지는 않았습니다.

술자리에 자주 가면 유혹에 빠지게 됩니다. 뿐만 아니라 술을 마시다 보면 주량이 점점 늘어납니다. 우리나라는 술 문화가 잘못되어 있어서 취할 때까지 마시는 경우가 많습니다. 그러나 유럽은 다릅니다. 유럽은 우리나라처럼 병째로 몇 병씩 마시는 것이 아니라 식사 때 음료로 한 잔씩 마십니다.

예전에 선교사 수련회에 참석하기 위해 프랑스에 간 적이 있는데 그때 식탁 위에 포도주가 있었습니다. 처음에는 목사님들이 포도주를 한 잔씩 하면서 식사하는 모습을 보고 '어, 목사님들도 술을 마시네?' 라고 생각했습니다. 그런데 알고 보니 유럽은 워낙 수질이 나빠서 식사 때 음료로 포도주를 한 잔씩 마시는 것이었습니다. 독일에서는 음료로 맥주를 마십니다. 제가 독일에 갔을 때 알코올 성분이 없는 맥주를 맛보라고 해서 한번 마셔 봤더니 얼마나 쓰던지 "아이고, 이 쓴 걸 왜 마셔요?"라고 말하고 더 이상 마시지 않았습니다.

프랑스 사람들이 식사할 때 포도주를 마시고 독일 사람들이 맥주를 물처럼 마시는 것은 그 나라의 문화입니다. 수질이 좋지 않기 때문에 음료 대용으로 마시는 것입니다. 그런데 우리나라는 수질이 좋습니다. 선교사님들이 우리나라에 와서 보니 산이 좋고 물이 좋아서 술을 마시지 않는 전통을 만드셨습니다. 게다가 우리나라의 술 문화는 코가 비뚤어지도록 마시는 문화입니다. 술로 인한 부작용이 많습니다. 그러므로 한국의 그리스도인들은 술의 유혹을 피하는 것이 좋습니다.

몽골에서 사역하시는 선교사님이 쓴 책에 다음과 같은 간증이 실려 있었습니다.

그 선교사님은 모태 신앙에 독실한 크리스천이었지만 대학을 다니면서 친구들과 어울리기 위해 주말에 술을 마신 적이 있었습니다. 처음에는 한 잔만 마시려고 했지만 계속 마시다 보니 취하고 말았습니다. 비틀거리며 집에 들어가는데 마음에 성령의 감동이 왔습니다. 주일학교 교사였던 그는 '내일 교회에 가서 어떻게 아이들을 가르치지?' 하는 생각에 심한 양심의 가책을 느끼고 집에 들어가서 통곡하고 울었습니다. 그리고 그날 이후 다시는 술을 마시지 않았습니다. 지금 그 선교사님은 몽골의 선교사로서 그곳에 대학도 세우며 하나님의 사역을 훌

름히 감당하고 있습니다.

젊었을 때에는 유혹에 빠지기 쉽습니다. 그러나 그 유혹의 자리에 머물러 있으면 안 됩니다. 유혹을 과감히 뿌리치고 그 자리를 피해야 합니다.

## 3. 장차 다가올 영광을 생각하라

로마서 8장 17절부터 18절은 다음과 같이 말씀합니다.

"자녀이면 또한 상속자 곧 하나님의 상속자요 그리스도와 함께 한 상속자니 우리가 그와 함께 영광을 받기 위하여 고난도 함께 받아야 할 것이니라 생각하건대 현재의 고난은 장차 우리에게 나타날 영광과 비교할 수 없도다"

우리는 예수 그리스도를 위해 고난을 받을 때 기뻐하고 즐거워해야 합니다. 사도행전 5장 41절은 "사도들은 그 이름을 위하여 능욕 받는 일에 합당한 자로 여기심을 기뻐하면서 공회 앞을 떠나니라"고 말씀합니다. 그들은 고난당하는 것을 전혀 두

려워하지 않았습니다. 고난 뒤에 다가올 축복을 알았기 때문입니다.

우리는 '축복' 이라고 하면 눈에 보이는 현실적인 축복만 생각하는 경향이 있습니다. 하지만 진정한 축복은 영적인 축복입니다. 영적인 축복이란 우리가 이 세상에서 복음을 위해 수고한 대로 받게 될 하늘나라의 상급을 말합니다. 이 땅의 것은 잠시 있다가 없어지지만 하늘나라의 상급은 영원합니다.

그러므로 우리는 하늘나라의 영광을 바라보면서 열심히 일해야 합니다. 남이 알아주든지 알아주지 않든지, 남에게 인정을 받든지 비난을 받든지 상관하지 말아야 합니다. 우리가 이 땅에서 주님의 복음과 영광을 위해 헌신하고 기쁨으로 고난을 감당한다면 장차 하늘나라에서 영원히 영화로운 삶을 살게 됩니다. 그렇기 때문에 예수님께서는 우리가 복음으로 인해 고난을 당할 때 기뻐해야 한다고 말씀하셨습니다.

"나로 말미암아 너희를 욕하고 박해하고 거짓으로 너희를 거슬러 모든 악한 말을 할 때에는 너희에게 복이 있나니 기뻐하고 즐거워하라 하늘에서 너희의 상이 큼이라 너희 전에 있던 선지자들도 이같이 박해하였느니라" 마 5:11-12

최근 이어령 박사님의 따님이신 이민아 목사님이 『땅 끝의 아이들』이라는 책을 출간하였습니다. 그 책을 보면 그분이 당한 고난은 이루 형언할 수 없을 정도였다는 것을 알 수 있습니다.

이화여대 영문과를 조기 졸업하고 결혼과 함께 미국에 건너간 이민아 목사님은 변호사 자격증을 취득한 후 캘리포니아 주州 검사로 임용되어 범죄 예방과 선도에 앞장섰습니다. 그리고 1989년부터 2002년까지 미국 L.A. 지역에서 부장 검사를 역임하는 등 능력 있는 커리어우먼으로 활동하였습니다.

그러나 성공의 연속처럼 보이는 이 목사님의 인생에도 사람의 힘으로는 도저히 감당할 수 없는 고난의 파도가 많았습니다. 이 목사님은 결혼한 지 5년 만에 이혼을 하게 되었습니다. 재혼하여 낳은 둘째 아들은 주의력결핍과잉행동장애ADHD 판정을 받았습니다. 그뿐 아닙니다. 본인은 갑상선 암에 걸려 투병 생활을 하고 또한 망막 손상으로 인해 실명의 위기에 처하게 되는 등 참으로 파란만장한 삶을 살게 되었습니다. 심지어 첫 남편과의 사이에서 낳은 큰아들이 원인 불명의 혼수상태에 빠져 19일 만에 세상을 떠났습니다. 사람으로서 감당할 수 없는 고난들이 몰려온 것입니다.

이 목사님은 바로 그 극한 고난 속에서 예수님을 만났습니다. 그래서 1992년 침례를 받고 2009년에 목사 안수를 받았습니다. 지금은 미국과 한국은 물론 호주와 아프리카, 중국 등 전 세계를 다니면서 복음을 전하고 있습니다. 모든 고난과 싸우며 이 목사님은 하나님의 영광 가운데 귀하게 쓰임을 받는 주님의 일꾼이 된 것입니다.

이처럼 고난 뒤에는 반드시 다가올 영광이 있습니다. 그러므로 지금 힘들다고, 지금 어렵다고, 지금 고통스럽다고 무너지면 안 됩니다. 최근 젊은 사람들이 자살하는 소식을 자주 접하게 됩니다. 젊은이들이 꿈을 가지고 살아야지, 그렇게 죽으면 안 됩니다. 아무리 인생이 어렵고 힘들어도 포기하지 말아야 합니다. 죽을 용기가 있으면 그 용기를 가지고 다시 도전해야 합니다.

우리는 하나님께서 주신 귀한 생명을 가지고 하나님의 영광을 위해 살아야 합니다. 지금 힘들고 어려워도 믿음의 주요, 온전하게 하시는 이인 예수님을 바라보고 일어서야 합니다. 그러면 현재의 고난과 족히 비교할 수 없는 하나님의 영광이 장차 우리에게 나타나게 될 것입니다.

## 고난과 영적 성장

고난은 하나님께서 예비하신 축복의 보자기이다.
1. 고난 속에서 하나님의 뜻을 찾아야 한다. 대개 고난은 우리의 잘못으로 인해 다가오므로 고난을 통해 깨어지고 하나님께서 원하시는 모습으로 변화되는 계기를 삼아야 한다.
2. 시험과 유혹을 구분하라. 시험은 우리를 성숙시키고 실력을 향상시키는 역할을 하므로 두려워하지 말고 정면으로 대응해야 한다. 반면에 유혹은 우리를 타락하게 만들므로 무조건 피해야 한다.
3. 장차 다가올 영광을 생각하라. 현재의 고난은 장차 우리에게 나타날 영광과 족히 비교할 수 없다. 미래의 영광을 바라보는 사람은 현재의 고난을 기쁨으로 받아들인다.

SPIRITUAL GROWTH

영적 성장의
길

## 제4일

# 영적 성장의 길
# - 하나님 생각하기

나는 야훼 너희의 하나님이라 내가 거룩하니 너희도
몸을 구별하여 거룩하게 하고 땅에 기는 길짐승으로
말미암아 스스로 더럽히지 말라 나는 너희의 하나님
이 되려고 너희를 애굽 땅에서 인도하여 낸 야훼라
내가 거룩하니 너희도 거룩할지어다 _레 11:44-45

*Spiritual Growth*

SPIRITUAL GROWTH

　　**우리가 영적으로** 성숙한 사람이 되려면 하나님을 닮아 가야 합니다. 하나님을 닮아 가려면 먼저 생각이 바뀌어야 합니다. 우리 생각이 하나님의 생각으로 바뀌면 하나님을 닮아 가는 주님의 자녀가 될 수 있습니다.

　　명색이 하나님의 자녀라면서 마귀의 자녀처럼 사는 사람이 있습니다. 이런 사람은 자기의 성격 하나도 다스리지 못해 걸핏하면 혈기를 부립니다. 사랑하는 남편과 아내, 자녀에게까지 상처를 줍니다. 그러면서도 교회에 와서는 거룩한 모습으로 하나님을 예배합니다. 이런 사람은 영적으로 성장하지 못한 사람입니다. 10년, 20년 신앙생활을 했어도 영적으로 보면 인큐베이터 속에 들어 있는 미숙아와 같습니다.

　　그러므로 우리는 기도할 때 '나는 혹시 영적 미숙아가 아닌가?' 하고 자신을 돌아보아야 합니다. 우리가 기도를 많이 하면 영이 맑아져서 자신의 모습을 볼 수 있습니다. 제가 일본 동경에서 사역할 때, 기도만 하면 하나님께서 제 안의 구석구석을 다 보여 주셨습니다. 그때 제 속을 들여다보면서 '아, 나는 자랑할 것이 하나도 없는 사람이구나!' 라고 다시 한 번 깨달았습니다. 그리고 "주님, 저는 죄인입니다. 저는 아무것도 아닙니다. 주님께서 저를 다스려 주옵소서!"라고 기도했습니다. 우리가 자신을 제대로 보지 못하면 늘 혈기를 부리고 고집을 피우고 문제를 일으킵니다.

저는 얼마 전에 전남 해남에 위치한 '땅끝지역아동센터'에 다녀왔습니다. 열서너 살 된 여자 아이가 새로 왔기에 사연을 물어보니 아버지 때문에 쫓겨 왔다고 했습니다. 원래 부모는 자녀에게 '내리사랑'을 하는데 요즘 부모는 그렇지도 않은 것 같습니다. 그 아이의 아버지는 술만 마시면 아이를 때려서 아이의 이가 다 부러졌습니다. 한번은 아버지를 피해 도망 다니다가 숨을 곳이 없어 개집에 들어가 3일을 지낸 적도 있다고 했습니다. 저는 그 이야기를 듣고 큰 충격을 받았습니다. 사랑해 주고 또 사랑해 주어도 아쉬울 자기 딸에게 아버지라는 사람이 어떻게 그렇게 했는지 매우 안타까웠습니다.

우리는 이런 이야기를 접하면 '그 아버지, 참 나쁜 사람이

다.'라고 생각합니다. 그런데 정도의 차이는 있지만 우리도 하나님 앞에 부끄러운 모습을 한 부모입니다.

제가 미국 워싱턴순복음제일교회에서 사역할 당시 고등학교에 다니는 한 학생이 저에게 와서 "목사님, 저는 워싱턴에서 멀리 떨어진 지역의 대학에 진학하려고 합니다."라고 말했습니다. 그래서 제가 "이곳에도 좋은 학교가 많은데 왜 하필이면 멀리 떨어져 있는 지방으로 가려고 하니?"라고 묻자, 그 학생이 이렇게 대답했습니다.

"목사님, 저는 더 이상 위선자들과 살고 싶지 않습니다. 우리 엄마와 아버지는 교회에서 여선교회 일, 남선교회 일은 열심히 하는데 위선자들이에요. 예배가 끝나고 집에 가면서부터 싸우기 시작해서 일주일 내내 싸워요. 그리고 교회에 와서는 태연하게 봉사하는 것을 보면 위선자들이라는 생각이 들어요."

그 학생의 부모님은 교회에서 열심히 봉사하는 충성된 일꾼이었기 때문에 저는 큰 충격을 받았습니다. 결국 그 아이는 고등학교를 졸업하고 뉴욕에 있는 대학으로 진학을 했습니다.

우리는 자녀의 눈에 비친 자신의 모습이 어떠한지 돌아보아야 합니다. 혹시 내 모습이 그 학생 부모의 모습과 같지는 않은지, 교회에 와서는 열심히 기도하고 봉사하기 때문에 사람들에게 칭찬받지만 집에 가서는 그와 모순되는 행동을 하는 위선자가 아닌지 자신을 살펴보아야 합니다.

## 1. 좋으신 하나님을 생각하라

우리는 자주 생각하는 대상을 닮아 갑니다. 아버지가 화내는 것을 보며 자란 아이는 '나는 커서 아버지처럼 살지 않을 거야.' 라고 생각하지만, 그 아이도 크면 아버지처럼 자주 화를 냅니다. 아버지가 어머니를 때리는 것을 보며 자란 아이는 '나는 결혼하면 절대로 아버지처럼 하지 않을 거야.' 라고 생각하지만, 결혼 후에 아내를 때리는 남편이 될 확률이 높습니다. 알코올 중독인 아버지 밑에서 자란 아이 역시 '나는 절대로 아버지처럼 고주망태가 되지 말아야지!' 라고 생각하지만, 성인이 되면 알코올 중독자가 됩니다. '아버지를 닮지 말아야지.' 하면서 아버지의 나쁜 모습을 자주 생각한 결과 그 아버지의 모습을 닮아 가는 것입니다.

그러므로 부모의 좋지 않은 습관을 대물림하지 않기 위해서는 먼저 우리의 생각을 바꾸어야 합니다. 우리 마음에 좋으신 하나님에 대한 생각을 채워 넣어야 합니다. 은혜의 하나님, 용서의 하나님, 치료의 하나님, 축복의 하나님, 사랑의 하나님에 대한 생각으로 가득 채우면 우리의 자세가 달라집니다.

첫째로, 우리가 좋으신 하나님을 생각한다는 것은, 먼저 하나님을 경외하는 마음을 갖는 것을 의미합니다.

하나님을 경외한다는 것은 두렵고 떨리는 마음으로 하나님을 섬기는 것입니다. 출애굽기 3장 5절은 "하나님이 이르시되 이리로 가까이 오지 말라 네가 선 곳은 거룩한 땅이니 네 발에서 신을 벗으라"고 말씀합니다. 하나님은 완전하여 죄가 없는 분이시기 때문에 죄 있는 사람이 하나님께 가까이 나아갈 수 없습니다. 그러므로 죄악의 신발을 벗고 하나님 앞에 두렵고 떨리는 마음으로 나아가야 합니다. 우리가 하나님 앞에서 두렵고 떨리는 마음을 가지고 살면 우리의 잘못된 습관을 고칠 수 있습니다.

어렸을 때 가정교육을 잘 받은 분은 어른 앞에서 어떻게 행동해야 하는지 잘 알 것입니다. 어른 앞에서는 큰 소리를 낼 수 없습니다. 어떻게 감히 어른 앞에서 큰 소리를 내며 싸웁니까? 또한 어른 앞에서는 발걸음을 조심하고 말도 조심조심해야 합니다. 어른과 식사할 때에는 어른이 숟가락을 드시기 전에 숟가락을 들면 안 됩니다. 기다렸다가 어른이 숟가락을 드시면 그제야 숟가락을 들 수 있습니다. 밥을 먹을 때에도 소리를 내지 말아야 합니다. 음식물을 입 안에 넣고 오물오물 조용히 씹어야 합니다.

그런데 요즘 아이들은 식탁에 어른이 앉아 계셔도 제멋대로 행동합니다. 어른이 숟가락을 들 때까지 가만히 기다리지 않고 먼저 먹는 것은 말할 것도 없고 숟가락을 바닥에 떨어뜨리는가 하면 음식물을 흘리고 다니기까지 합니다. 부모가 가정교육을 잘못했기 때문입니다.

하나님을 경외하지 않는 사람은 어린아이처럼 자기 마음대로 신앙생활을 합니다. 예의도 없고 질서도 없습니다. 교회에서 웃어른을 모실 줄도 모르고, 구역에서도 자기가 하고 싶은 대로 다 하며, 주위 사람들에게 어려움을 줍니다. 우리는 이러한 어린아이 단계에 머물러 있지 말고 성숙한 신앙인이 되어야 합니다. 늘 두렵고 떨리는 마음으로 하나님을 경외하는 삶을 살아야 합니다. 어른을 공경하듯 하나님을 경외해야 합니다. 우리가 하나님을 경외하면 우리의 생각과 말과 행동이 달라집니다. 성숙한 그리스도인의 모습으로 변화되는 것입니다.

둘째로, 좋으신 하나님을 생각하는 사람은 항상 하나님을 기뻐하는 마음을 갖습니다.

시편 37편 4절은 "또 야훼를 기뻐하라 그가 네 마음의 소원을 네게 이루어 주시리로다"라고 말씀합니다. 또한 시편 48편 14절은 "이 하나님은 영원히 우리 하나님이시니 그가 우리를 죽을 때까지 인도하시리로다"라고 말씀합니다. 우리가 믿는 하나님은 영원히 우리의 하나님이 되십니다. 하나님께서 우리의 호흡이 다하는 날까지 우리를 인도해 주십니다. 그러므로 우리는 하나님 앞에서 두렵고 떨리는 마음과 기쁘고 감사하는 마음으로 살아야 합니다. 그러면 하나님께 성숙한 신앙인으로 인정받고 사람들에게도 존경받는 삶을 살 수 있습니다.


## 2. 살아 계신 하나님을 생각하라

성경은 "믿음이 없이는 하나님을 기쁘시게 하지 못하나니 하나님께 나아가는 자는 반드시 그가 계신 것과 또한 그가 자기를 찾는 자들에게 상 주시는 이심을 믿어야 할지니라"히 11:6고 말씀합니다.

하나님은 구만리장천 먼곳에 계신 분이 아닙니다. 우리 안에 성령으로 오셔서 우리와 함께 계시는 분입니다고전 3:16. 그러므로 우리는 보통 사람이 아니라 '하나님의 사람' 입니다.

하나님의 사람은 하나님의 사람답게 살아야 합니다. 물론 세상 사람들과 어울려 살아야 하기 때문에 하나님의 사람답게 사는 것이 쉽지는 않습니다. 세상에는 거친 사람도 많고 화나게 하는 사람, 악한 사람도 많습니다. 화를 잘 내는 사람은 화내지 않기 위해 자신과 싸워야 합니다. 하루에도 몇 번씩 속이 뒤집어지는 사람은 관용하는 마음을 갖기 위해 힘써야 합니다. 성격이 너무 예민해서 같은 일을 생각하고 또 생각하며 마음에 고통을 느끼는 사람은 담대한 마음을 갖기 위해 노력해야 합니다. 하나님의 사람으로 살기 위하여 늘 자신을 훈련해야 합니다.

왜 사람들이 죄를 짓는 줄 아십니까? 주님이 함께 계시다는 생각을 하지 않기 때문입니다. '주님이 나와 함께 계신다.' 라는 생각을 가지고 있으면 죄를 짓지 않습니다. 사람들이 마음대로 성질을 내는 이유도 주님이 보이지 않기 때문입니다.

주님은 불꽃 같은 눈으로 우리를 지켜보고 계십니다계 1:14. 우리가 사람들과 다툴 때, 부부가 소리치며 싸울 때도 주님이 다 보고 계십니다. 그러므로 싸울 일이 생기면 "주님이 보고 계시니까 5분 동안 기도한 후에 싸웁시다."라고 말하시기 바랍니다. 그러면 싸움을 시작하기도 전에 끝나 버리고 말 것입니다. 문제는 북받치는 감정을 억누르지 못하고 다 쏟아 놓은 다음 "주님, 용서해 주옵소서!"라고 기도하는 것입니다.

출애굽기 3장 15절을 보면 다음과 같이 기록되어 있습니다.

"하나님이 또 모세에게 이르시되 너는 이스라엘 자손에게 이같이 이르기를 너희 조상의 하나님 야훼 곧 아브라함의 하나님, 이삭의 하나님, 야곱의 하나님께서 나를 너희에게 보내셨다 하라 이는 나의 영원한 이름이요 대대로 기억할 나의 칭호니라"

우리 할아버지와 함께 계셨던 하나님이 우리 아버지와 함께 계시고, 지금 나와 함께 계시며, 또 우리 자녀와도 함께 계십니다. 하나님은 영원토록 우리와 함께 계시면서 살아 역사하시는 분이십니다. 그러므로 우리는 '신전의식'神前意識을 가지고 살아야 합니다. 즉, '하나님 앞에서의 삶'을 살아야 합니다. 우리가 하나님 앞에서 살면 자신을 잘 다스릴 수 있습니다. 하나님 앞에서 생각하고, 하나님 앞에서 말하며, 하나님 앞에서 일하면 최선을 다해 살 수 있습니다.

한국 사람이 처음 미국에 가면 언어 소통이 잘 안되기 때문에 영어를 못해도 할 수 있는 청소 일부터 시작합니다. 그래서 학교, 병원, 관공서 같은 곳에서 밤 9시쯤부터 새벽 3, 4시까지 일을 합니다. 낮에는 자고 밤에 일하는 것입니다. 그다음에 조금 나아지면 세탁소에서 일을 하고, 조금 더 나아지면 음식점에서 일합니다.

학교에서 청소하는 사람들은 낮에 학생들이 어질러 놓고 간 것을 밤에 깨끗이 정리하고 청소합니다. 이처럼 밤에 청소하는 사람들을 감독하는 사람이 있는데, 그런 사람을 수퍼바이저supervisor라고 합니다. 수퍼바이저는 청소가 잘되었는지 감독합니다. 제가 미국에 있을 때 목회하던 교회에도 청소하는 일을 하는 분들이 있었습니다. 그런데 하루는 그분들 중에 어떤 분이 "수퍼바이저가 안 볼 때 잠깐잠깐 잠을 자면 됩니다."라고 말하는 것이었습니다. 저는 그 말을 듣고 충격을 받았습니다. '아니, 예수님을 믿는 사람이 수퍼바이저가 보지 않아도 열심히 일을 해야지, 수퍼바이저가 보지 않는다고 잠을 자다니?' 하는 생각이 들었습니다.

미국 사람들은 일하는 시간에는 매우 열심히 일합니다. 그들은 근무 시간을 얼마나 철저히 지키는지, 일하는 시간에는 전화도 받지 않습니다. 우리 한국 사람은 일하는 시간에 전화도 받고 화장도 하고 개인적인 용무를 다 보지만, 미국 사람들은 근무 시간에는 일절 다른 일을 하지 않고 집중해서 일합니다.

예수님을 믿는 사람은 감독이 보든 말든 정직하고 성실하게 일해야 합니다. '하나님 앞에서의 의식'을 가지고 살아야 합니다. 그래야 하나님께 인정받고 사람들에게도 인정을 받습니다. '하나님 앞에서의 의식'을 갖지 않으면 시험 볼 때 부정행위도 하고, 백화점에서 슬쩍 물건을 집어 들고 나오기도 합니다. CCTV에 찍히는 것도 모르고 들고 나오는 것입니다.

얼마 전에 영국에서 폭동이 일어난 적이 있습니다. 그때 사람들이 남의 가게에 들어가 물건을 약탈해 갔습니다. 특히 열한두 살쯤 되어 보이는 아이들이 웃으면서 남의 가게를 부수고, 부상당한 사람을 도와주는 척하면서 물건을 훔치는 모습에 전 세계가 경악했습니다. 그중에는 올림픽 홍보 대사의 일을 하는 여자 아이도 포함되어 있습니다. 그 아이가 남의 가게에 들어가서 물건을 약탈하는 장면이 TV 뉴스에 보도되었습니다. 그것을 본 아이의 엄마가 자기 딸을 경찰에 신고하여 그 아이는 입건되었습니다. 자식이 잘못되는 것을 바로잡기 위해서 한 행동이었습니다.

우리나라에서는 자식이 문제를 일으켜도 부모가 내버려 두는 경우가 많습니다. 미국에서는 예배 시간에 아이들이 뛰고 소리 지르는 일이 없습니다. 그런데 우리나라 사람들은 '뛰어도 좋고, 소리쳐도 좋다. 씩씩하게만 자라다오.' 라고 생각합니다. 왜 이렇게 다를까요? 의식의 차이입니다.

제가 말씀드리고 싶은 것은 '하나님 앞에서의 의식'을 가져야 한다는 것입니다. 그러면 자녀를 교육하는 일뿐만 아니라 모든 일에 하나님을 기쁘시게 하는 삶을 살 수 있습니다.

### 3. 전지전능하신 하나님을 생각하라

창세기 1장 1절은 "태초에 하나님이 천지를 창조하시니라"고 말씀합니다. 창조주 하나님, 그 하나님이 바로 우리의 하나님 아버지이십니다. 그러므로 우리는 날마다 새로운 역사를 창조해야 합니다. 슬픔이 있는 곳에 기쁨을 창조하고, 절망이 있는 곳에 희망을 창조하고, 문제가 있는 곳에 해결책을 제시하는 창조적인 주님의 일꾼이 되어야 합니다.

하나님은 권능의 하나님이십니다. 성경은 "하나님이 한두 번 하신 말씀을 내가 들었나니 권능은 하나님께 속하였다 하셨도다"시 62:11라고 말씀합니다. 이 권능의 하나님께서 우리와 함께하시기 때문에 우리는 새 역사를 창조할 수 있습니다.

또한 하나님은 전지하신 하나님이십니다. 시편 139편 1절부터 4절은 다음과 같이 말씀합니다.

"야훼여 주께서 나를 살펴보셨으므로 나를 아시나이다 주께서 내가 앉고 일어섬을 아시고 멀리서도 나의 생각을 밝히 아시오며 나의 모든 길과 내가 눕는 것을 살펴보셨으므로 나의 모든 행위를 익히 아시오니 야훼여 내 혀의 말을 알지 못하시는 것이 하나도 없으시니이다"

하나님께서는 우리 마음 깊은 곳에 있는 고통과 슬픔과 괴로움을 아시고, 우리가 외롭고 쓸쓸하고 피곤하고 지친 것도 다 아십니다. 그러므로 우리는 주님께 모든 것을 맡기고 살아야 합니다. 맡기는 것이 '믿음' 입니다. 전지전능하신 하나님께 자녀 문제, 직장의 문제, 생활의 문제를 다 맡길 때 문제를 해결해 주시는 하나님의 능력을 체험할 수 있습니다.

전능하신 하나님을 의지하면 위대한 일도 할 수 있습니다.

앞에서 말씀드린 『땅 끝의 아이들』이라는 책을 쓴 이민아 목사님은 큰아들을 잃은 후 자신의 아들을 돌보는 심정으로 버림받은 아이들, 상처 입은 아이들, 어려움 가운데 있는 아이들, 문제 있는 아이들, 밤잠을 이루지 못하는 아이들을 돌보아 주고 있습니다. 하나님의 전능하심을 믿고 주님의 사랑으로 그들을 돌보는 것입니다.

우리 주변의 탈선한 아이들이나 반항심으로 비뚤어진 아이들은 우리와 상관없는 존재가 아닙니다. 바로 우리의 아이들입니다. 그 아이들이 잘못되는 이유는 우리가 사랑을 주지 않았기 때문입니다. 그러므로 우리가 전지전능하신 하나님을 의지하여 그 아이들을 돌보아 주어야 합니다. 물론 하나님의 일이 우리의 힘으로 되는 것은 아닙니다. 하나님의 힘으로만 가능합니다. 우리가 전지전능하신 하나님을 의지하면 하나님께서 공급해 주시는 힘으로 위대한 일도 감당할 수 있습니다. 이를 통해 하나님께서 영광과 찬송을 받으십니다.

### 영적 성장의 길 - 하나님 생각하기

영적으로 성장하려면 우리의 생각을 하나님의 생각으로 바꾸어야 한다.

1. 좋으신 하나님을 생각해야 한다. 인간에게는 생각하는 대상을 닮아 가는 속성이 있다. 좋으신 하나님을 생각하면 좋은 사람, 하나님을 닮은 사람으로 변화된다.
2. 살아계신 하나님을 생각해야 한다. 하나님은 오늘도 살아서 우리와 함께 계시는 하나님이시다. 그 하나님께서 항상 나와 함께하신다는 신전의식이 우리에게 필요하다.
3. 전지전능하신 하나님을 생각해야 한다. 능력의 하나님, 우리의 모든 것을 다 아시는 하나님이 우리 아버지이심을 생각하면 우리 개인의 문제를 넘어 하나님의 위대한 일도 감당할 수 있다.

# 제 5 일

# 영적 성장의 길
# - 예수님 생각하기

그러므로 함께 하늘의 부르심을 받은 거룩한 형제들아 우리가 믿는 도리의 사도이시며 대제사장이신 예수를 깊이 생각하라 _히 3:1

믿음의 주요 또 온전하게 하시는 이인 예수를 바라보자 그는 그 앞에 있는 기쁨을 위하여 십자가를 참으사 부끄러움을 개의치 아니하시더니 하나님 보좌 우편에 앉으셨느니라 _히 12:2

*Spiritual Growth*

SPIRITUAL GROWTH

**그리스도인의** 영적 성장의 목표는 예수님과 같이되는 것입니다. 성경은 **"예수를 깊이 생각하라"** 히 3:1고 말씀합니다. 예수님을 생각하고 바라보는 것이 우리가 예수님을 닮아 가는 데에 큰 도움이 되기 때문입니다.

거듭난 사람의 목표는 예수님의 장성한 분량에 이르기까지 자라는 것입니다. 성경에서는 종종 하나님의 백성을 나무에 비유합니다. 이것은 하나님의 백성들이 영적으로 나무같이 지속적으로 성장하고 열매맺어야 함을 상징하고 있는 것입니다. 그러므로 하나님의 백성은 살아 있는 동안 계속해서 성장해야 합니다. 나무가 오랜 세월 동안 계속해서 자라듯, 믿음의 사람들 역시 지속적으로 성장하여 영적 거인들이 되어야 합니다. 또한 하나님의 백성은 예수님 안에서 많은 열매를 맺어야 합니다. 열매를 맺지 않으면 하나님께 영광을 돌릴 수 없습니다. 그러므로 예수님 안에서 거듭난 우리는 영적으로 계속 성장하며 열매를 맺어야 합니다.


## 1. 인간의 몸을 입고 이 땅에 오신 예수님

하나님께서는 독생자를 아끼지 아니하시고 우리를 위하여 내어 주시기까지 우리를 사랑하셨습니다.

그런데 이 놀라운 하나님의 사랑은 공의가 포함된 사랑입니다. 그렇기 때문에 죄인은 용서하시지만 죄는 미워하십니다. 자녀를 사랑한다고 하면서 자녀가 잘못된 길로 가는 것을 내버려두는 것은 사랑이 아닙니다. 올바른 사랑은 자녀가 잘못할 때 "그렇게 하면 안 된다."라고 따끔하게 야단을 치고 바로잡는 것입니다.

인간 승리의 대표적인 인물로 꼽히는 헬렌 켈러Helen Adams Keller를 키워 낸 설리번Ann Sullivan 선생의 사랑이 좋은 예입니다.

본래 헬렌 켈러는 부유한 집안에서 태어났습니다. 그런데 태어난 지 19개월 되었을 때에 성홍열과 뇌막염에 걸려 그 후유증으로 청력과 시력을 잃었습니다. 말을 배우기 전이었으므로 결국은 말까지 못하는 삼중 장애를 안게 되었습니다.

헬렌 켈러는 일곱 살에 설리번 선생을 만나기 전까지 자신의 집에서 일하던 요리사의 어린 딸과 겨우 의사소통을 하며 지냈습니다. 부모의 훈육이나 제재 없이 자기가 하고 싶은 대로 하며 살았습니다. 설리번 선생이 와서 아이를 교육하려고 보니 제멋대로였습니다. 장애를 가진 딸이 불쌍해서 부모가 혼내지 않고 오냐오냐하며 키웠던 것입니다.

그런 헬렌 켈러를 바로잡기 위해 설리번 선생은 부단히 노력했습니다. 부모는 선생의 엄격한 훈련을 온몸으로 거부하며 반항하는 어린 딸의 모습이 너무 안쓰러워 보였습니다. 하루는 그 모습을 보다 못한 부모가 "선생님, 아이한테 너무 심하게 하시는 것 아닙니까?"라고 물었습니다. 이에 설리번 선생은 분명하게 대답했습니다.

"헬렌을 정말 훌륭한 자녀로 키우기 원하신다면 선생인 저에게 맡겨 주십시오. 그리고 지금처럼 부모님과 함께 있는 상태로는 아이를 교육할 수 없으니 저희 둘만 따로 지낼 수 있는 곳을 마련해 주십시오."

헬렌 켈러의 부모는 설리번 선생의 제안을 받아들여 저택 건너편에 둘만 지낼 수 있는 집을 마련해 주었습니다. 그때로부터 설리번 선생은 본격적으로 훈련을 시작했습니다.

부모가 와서 보지 않는다는 조건 하에 밥 먹는 훈련부터 시작했습니다. 손으로 집어 먹던 것을 숟가락을 사용해서 먹게 했습니다. 처음에 헬렌 켈러는 숟가락을 집어 던지며 식사를 거부했습니다. 이제까지 손가락으로 마음대로 집어 먹고 어지르던 것을 하루아침에 고치려니 보통 힘들지 않았습니다. 그러나 설리번 선생은 숟가락을 사용하지 않으면 밥을 주지 않았고 포크와 나이프를 사용하는 방법도 가르쳤습니다. 울고 반항하고 대들어도 꿈쩍도 하지 않았습니다. 더 나아가 옷 입는 것, 세수하는 것 등 모든 생활의 훈련을 엄격하게 시켰습니다. 결국 헬렌 켈러는 고집을 꺾고 설리번 선생의 가르침을 따르기 시작했습니다.

설리번 선생은 시각과 청각과 언어의 장애를 가지고 있던 헬렌 켈러에게 단어를 가르치기 시작했습니다. 물을 찍어서 손에 발라 준 다음 손바닥에 영어로 'water'라고 써 주었습니다. 이러한 일을 한두 번만 한 것이 아니라 수십 번씩 했습니다. 이런 과정이 반복되면서 헬렌 켈러는 드디어 단어를 깨우쳤습니다. 헬렌 켈러가 제일 처음으로 깨우친 말이 바로 '물' water이라는 단어입니다.

이 일을 계기로 헬렌 켈러는 설리번 선생의 가르침을 받아들였고, 대학을 졸업한 후 전 세계를 다니며 강연을 하고 하나님의 사랑을 간증하는 큰 일꾼이 되었습니다. 그 누구도 헬렌 켈러가 그토록 훌륭한 사람이 되리라고 생각하지 못했습니다. 설리번 선생의 희생과 엄한 교육이 있었기 때문에 보지 못하고 듣지 못하고 말하지 못하는 중증 장애인이었던 그녀가 세계사에 남는 인물로 성장할 수 있었던 것입니다.

그러고 보면 헬렌 켈러를 훌륭한 인물로 키워 낸 설리번 선생은 예수님을 많이 닮은 분입니다. 예수님께서는 인간의 몸을 입고 뒤틀린 삶을 살아가는 우리에게 오셔서 고난을 겪으시고, 구원의 문을 열어 주셨습니다. 설리번 선생의 희생과 사랑이 없는 헬렌 켈러를 생각할 수 없는 것처럼, 예수님의 희생과 사랑이 없는 우리를 생각할 수 없습니다. 예수님 없이는 오늘날 우리가 존재할 수 없습니다.

무엇보다도 놀라운 것은 예수님께서 우리의 죗값을 대신 치르셨다는 사실입니다. 우리는 죄로 타락한 존재이기 때문에 죄의 형벌을 벗어날 길이 없었고, 그 죄로 인해 절망가운데 죽을 수밖에 없습니다. 그런데 하나님이신 예수님께서 육신을 입고 오셔서 우리 대신 형벌을 받으셨습니다. 죄없으신 예수님께서 모든 사람의 죄를 지고 십자가에 달리신 것입니다.

예수님께서 육신을 입고 오신 것은 우리 때문입니다. 우리의 죄를 사하시고 우리의 죗값을 치르기 위해서 오신 것입니다. 죄인의 죗값은 죄 없는 사람의 죽음으로만 대속할 수 있습니다. 그래서 예수님께서 십자가에 달리셨습니다. 나 같은 죄인을 위해 예수님께서 죽으셨습니다. 이것이 바로 은혜입니다. 예수님의 희생, 헌신, 죽으심을 생각하면 우리는 감사할 수밖에 없습니다.

세상에서 나를 가장 사랑하는 사람은 부모입니다. 부모는 자식을 대신해서 희생할 마음을 항상 가지고 있습니다. 이 희생적인 사랑은 그 뿌리가 하나님께 있습니다. 하나님의 사랑이 모든 부모의 마음에 심겨져서 믿는 자나 믿지 않는 자를 막론하고 부모라면 누구나 자식에 대한 지극한 사랑을 갖게 된 것입니다.

제가 읽었던 책 중에 이 희생과 관련되어 기억나는 내용이 있습니다.

한 어머니가 남편 없이 홀로 어린 딸을 키웠습니다. 혼자 벌어서 아이를 키우다 보니 여간 피곤하지 않았습니다. 하루는 차에 아이를 태우고 운전을 하다가 잠깐 졸았는데 정신을 차려 보니 기차 건널목 중간에 차가 서 있었습니다. 시동을 걸어 보았지만 이미 늦었습니다. 기차가 무서운 속도로 달려오고 있었습니다. 어머니는 황급히 옆에 있던 아이를 밖으로 밀쳐 냈습니다. 하지만 자신은 미처 빠져나오지 못하고 달려오는 기차와 충돌해서 그 자리에서 숨졌습니다. 이 어머니의 희생으로 목숨을 건진 딸이 커서 힘들고 어려운 일을 당할 때마다 자신을 살리기 위해 생명을 희생한 어머니를 생각하며 그 사랑에 감사하고 다시 힘을 낸다는 내용의 글이었습니다.

저는 그 글을 읽으면서 '예수님의 희생이 그 어머니의 희생과 같은 것이 아닌가!' 라고 생각했습니다. 죄로 인해 달려오는 '죽음' 이라는 열차에 우리 대신 예수님께서 죽으셨습니다. 우리를 밀어내시고 대신 희생하신 것입니다. 우리는 그 사랑에 감사하지 않을 수 없습니다.

예수님의 죽음을 복잡하게 생각할 필요가 없습니다. 내가 죽을 자리에 주님이 대신 죽으신 것입니다. 순전히 나의 죄 때문입니다. 그러므로 만 입이 있어도 감사를 다 표현할 수 없습니다.

## 2. 고난과 희생의 일생을 사신 예수님

예수님께서는 고난과 희생의 일생을 사셨습니다. 마가복음 3장 20절부터 21절은 "집에 들어가시니 무리가 다시 모이므로 식사할 겨를도 없는지라 예수의 친족들이 듣고 그를 붙들러 나오니 이는 그가 미쳤다 함일러라"고 말씀합니다. 예수님의 친족들마저도 예수님을 이해하지 못했습니다.

예수님께서는 잉태되는 순간부터 사람들의 상식으로는 이해할 수 없는 벗어난 분이셨습니다. 어머니 마리아가 결혼하기 전에 성령으로 예수님을 잉태했습니다. 마리아의 정혼자였던 요셉은 임신 사실을 알고 조용히 혼인을 파기하려 했습니다. 그때 천사가 나타나 아이가 성령으로 잉태되었음을 알려 주었습니다. 요셉이 천사의 말을 듣고 마리아와 결혼한 후 호적을 하기 위해 베들레헴으로 갔는데 그곳에서 예수님이 태어나셨습니다. 그리고 곧바로 요셉과 마리아는 천사의 지시를 받아 애굽으로 피신하여 지내다가 예수님을 찾아서 죽이려던 헤롯이 죽은 후에 다시 나사렛으로 돌아왔습니다. 그러므로 동네 사람들은 예수님의 출생에 대해 알 길이 없었습니다.

그후 요셉과 마리아 사이에는 예수님 밑으로 여러 형제가 태어났습니다막 6:3. 물론 육신의 혈통을 따라 태어난 형제들이기 때문에 성령으로 잉태된 예수님과는 직접적인 관계가 없습니다. 이 사실을 모르는 동생들은 형을 볼 때마다 이상한 생각이 들었습니다. 동네 사람들이 "너희 형은 어디서 주워 왔는지 갑자기 생겨났다. 너희 친형이 아니다."라고 말하는 소리를 들으며 예수님을 미심쩍어했습니다. 동네 사람들도, 동생들도 예수님을 이해하지 못했던 것입니다.

예수님을 올바로 알고 지켜본 사람은 어머니 마리아뿐이었습니다. 아버지 요셉도 예수님의 출생에 관하여 알고 있었지만, 예수님이 열두 살이 된 이후로는 성경에 그에 관한 기록이 없는 것으로 봐서 일찍 세상을 떠난 것으로 짐작됩니다. 그 후 예수님께서는 아버지를 대신하여 어머니와 동생들을 돌보며 목수 일을 하셨을 것입니다. 그러다가 서른 살이 되었을 때 "내가 메시아다."라며 공생애를 시작하셨습니다. 그러니 동생들이 얼마나 당황스러웠겠습니까? "어쩐지 이상하다 했어. 밤낮 혼자 들에 나가서 기도하더니 너무 외롭다 못해 정신이 이상해졌나 봐. 스스로 메시아요, 하나님의 아들이라니 이럴 수가 있는가?"라며 수군거렸을 것입니다. 서른 살까지 자신들과 함께 지내던 맏형이 갑자기 '메시아'라고 나서니 도무지 이해할 도리가 없었습니다. 그래서 그들은 예수님에 대한 소문이 퍼지자 형이 미친 줄 알고 붙잡아서 데려가려고 했습니다막 3:2. 예수님께서 십자가에서 죽으시고 부활하신 후에야 비로소 그들은 예수님을 메시아로 믿었습니다.

예수님을 올바로 알지 못한 것은 예수님을 따르던 무리와 제자들도 예외가 아니었습니다. 예수님께서 공생애를 시작하신 후 많은 사람들이 따랐지만 예수님을 이해하는 사람은 없었습니다. 심지어 제자들도 예수님을 제대로 알지 못했습니다.

그리하여 예수님께서는 "여우도 굴이 있고 공중의 새도 집이 있으되 인자는 머리 둘 곳이 없도다"눅 9:58라고 말씀하셨습니다. '머리 둘 곳'이라는 표현은 단지 몸을 쉬는 거처만을 의미하지 않습니다. 마음의 안식처도 포함하는 단어입니다. 예수님께서는 일생을 몸도 마음도 안식할 곳 없이 사셨습니다. 예수님께서 십자가에 달리셨을 때에도 어머니 마리아와 몇몇 여자들과 예수님의 제자 요한만이 예수님 곁을 지켰습니다.

그러므로 우리는 외로움 때문에 절망하지 말아야 합니다. 사람에게 동정을 얻기 위해 외로움을 하소연하지 말아야 합니다. 오직 예수님을 바라보아야 합니다. 예수님만큼 평생을 외롭고 쓸쓸하고 고난 가운데 사신 분이 없습니다. 일생 동안 편히 쉴 곳 없이 사셨습니다.

주변에 예수님을 이해하는 사람은 없고 오히려 예수님의 인기를 질투해서 죽이려는 원수들만 생겨났습니다. 제자들마저도 예수님을 이용해서 입신양명할 꿈만 꾸었습니다. 심지어 십자가 고난을 앞두신 예수님께 나아와 높은 자리를 요구하기까지 했습니다. 야고보와 요한의 어머니는 자기 자식들에게 가장 좋은 자리를 달라고 치맛바람을 일으켰습니다마 20:20-21. 나머지 제자들은 이 사실을 알고 싸움이 붙었습니다마 20:24. 예수님께서는 내일이면 십자가에 달리셔야 하는데 제자들은 서로 높은 자리에 앉겠다고 싸우고 있으니 예수님의 마음이 얼마나 답답하셨겠습니까?

예수님의 삶은 외로움과 고난의 삶이었습니다. 빌립보서 2장 8절에는 "사람의 모양으로 나타나사 자기를 낮추시고 죽기까지 복종하셨으니 곧 십자가에 죽으심이라"고 기록되어 있습니다. 또 히브리서 2장 18절을 보면 "그가 시험을 받아 고난을 당하셨은즉 시험 받는 자들을 능히 도우실 수 있느니라"고 말씀하고 있습니다.

따르던 무리들이 다 떠나고 제자들마저 도망하여 홀로 남으신 예수님께서는 하나님 아버지께도 버림받으시고 십자가 고난을 당하셨습니다. 그런데 이처럼 외로움과 고난으로 점철된 예수님의 일생은 우리에게 큰 은혜가 됩니다. 예수님께서는 고난의 일생을 사시면서 모든 믿는 자들에게 주의 사랑을 보여주시고 고난당하는 자들에게 고난을 이길 수 있는 힘을 주셨습니다. 그러므로 우리가 이 땅에서 어떠한 고난을 당하고 어떠한 슬픔을 만나도 예수님만 생각하면 이길 수 있습니다.

많은 사람들이 자신의 상처를 대단한 것으로 생각하고 그 상처를 곱씹으며 삽니다.

"저는 어릴 때부터 부모님으로부터 말할 수 없는 상처를 받고 자랐습니다."

"저는 항상 외톨이였습니다."

"저희 부모님이 헤어지고 저는 남의 집에 얹혀 살면서 너무나 힘들고 어려운 시간을 보냈습니다."

그럴 때 예수님을 바라보아야 합니다. 슬프고 외롭고 버림받았다고 생각될 때, 세상에 나 혼자만 남은 것처럼 느껴질 때 예수님을 생각해야 합니다. 더 이상 희망이라고는 찾아볼 수 없는 인생이 다 끝난 것처럼 보이는 상황 속에서 예수님을 바라보아야 합니다. 죽는 것 외에는 선택의 여지가 없는 절대 절망의 자리에 떨어졌을 때 예수님을 바라보면 그 안에서 희망을 얻게 됩니다. 새로운 삶의 희망과 용기를 얻을 수 있습니다. 예수님께서 이미 그 길을 걸어가셨고 승리하셨기 때문입니다.

어느 누구도 예수님 앞에서 외로움과 고난과 슬픔을 내세울 수 없습니다. 오히려 자신의 문제를 가지고 십자가 밑에 나아가면 예수님 안에서 위로를 얻고 문제를 극복하고 승리하게 됩니다. 예수님께서는 세상의 그 누구보다 외로우셨고 힘드셨고 극한 고난을 당하셨습니다. 마지막 죽음의 자리까지 혼자 묵묵히 우리를 대신하여 가셨습니다. 그리고 그 고난과 슬픔과 외로움과 절망을 이기셨습니다.

물론 예수님께서도 문제 앞에서 슬퍼하셨습니다.

"그는 육체에 계실 때에 자기를 죽음에서 능히 구원하실 이에게 심한 통곡과 눈물로 간구와 소원을 올렸고 그의 경건하심으로 말미암아 들으심을 얻었느니라 그가 아들이시면서도 받으신 고난으로 순종함을 배워서 온전하게 되셨은즉 자기에게 순종하는 모든 자에게 영원한 구원의 근원이 되시고" 히 5:7-9

예수님께서도 심한 통곡을 하시고 눈물을 흘리셨습니다.

성경에는 예수님께서 우시는 장면이 세 번 나옵니다. 첫 번째는 나사로의 무덤 앞에서요 11:35, 두 번째는 예루살렘을 바라보시며눅 19:41, 세 번째는 겟세마네 동산에서입니다히 5:7. 나사로라는 한 개인을 사랑하시고, 이스라엘 백성을 사랑하시고, 온 인류를 사랑하셔서 눈물을 흘리셨습니다.

예수님의 눈물은 우리가 흘리는 눈물과 다릅니다. 예수님께서는 자기 자신을 위해서 우신 적이 한 번도 없습니다. 우리가 고통당하는 것을 슬퍼하고 안타까워하시며 눈물을 흘리셨을 뿐입니다.

복음성가 가사를 보면 "누군가 널 위해 기도하네"라는 구절이 있습니다. 그 누군가가 바로 우리 주님이십니다. 예수님께서 우리를 위해 기도해 주십니다. 우리가 슬플 때, 낙심될 때, 절망할 때, 고통에 처했을 때, 아무도 우리를 돌아보지 않을 때, 모든 것을 포기하고 차라리 죽었으면 좋겠다고 생각되는 절망의 순간에도 주님이 우리와 함께하시며 우리를 붙들어 주십니다. 어떠한 상황 가운데서도 "내가 너를 사랑한다. 내가 너를 위해 죽었다."라고 말씀하시며 눈물을 흘리십니다. 바로 이 예수님을 깊이 생각하시기 바랍니다.

## 3. 영광을 받으신 예수님

예수님께서는 모든 일을 이루시고 영광을 받으셨습니다. 빌립보서 2장 9절부터 11절을 보면 다음과 같이 말씀하고 있습니다.

"이러므로 하나님이 그를 지극히 높여 모든 이름 위에 뛰어난 이름을 주사 하늘에 있는 자들과 땅에 있는 자들과 땅 아래에 있는 자들로 모든 무릎을 예수의 이름에 꿇게 하시고 모든 입으로 예수 그리스도를 주라 시인하여 하나님 아버지께 영광을 돌리게 하셨느니라"

예수님께서 십자가에 달려 죽기까지 하나님의 뜻에 순종하여 구원을 이루시자, 하나님께서는 이로 인해 영광을 받으시고 예수님을 지극히 높여 예수님 앞에 모든 민족이 무릎을 꿇게 하셨습니다. 그러므로 우리는 오직 주 예수 그리스도께 영광을 돌리며 살아야 합니다.

예수님이 누구십니까? 나를 위해 몸 찢기고 피 흘려 돌아가신 분, 나를 위해 온갖 고난과 희생의 삶을 사신 분, 나를 위해 외롭고 힘들고 어려운 인생을 사신 하나님의 아들이십니다.

그러므로 우리는 지금까지 자신의 어려움, 힘들었던 기억, 상처와 고통을 바라보며 그것에 얽매였던 삶에서 벗어나 남은 생을 예수님을 위해 헌신해야 하겠습니다. 나 중심적인 태도가 아닌 예수님 중심의 삶을 통해 하나님의 뜻이 우리 삶 가운데 이루어지는 복된 삶을 사는 우리 모두가 되어야 하겠습니다.

### 영적 성장의 길 – 예수님 생각하기

인간은 영적으로 나무와 같다. 생명이 있을 동안 무한대로 자라고 열매 맺는 것이 거듭난 사람의 특징이다.

1. 예수님께서는 우리를 죄에서 구원하시기 위해 인간의 몸을 입고 이 땅에 오셨다. 생명을 바치기까지 우리를 사랑하신 예수님을 바라보자.
2. 예수님께서는 고난과 희생의 일생을 사셨다. 외롭고 힘든 순간에 그 모든 고난을 순전히 우리를 위해 감당하신 예수님을 바라보자.
3. 예수님께서는 부활하시고 영광을 받으셨다. 우리가 이 땅에서 예수님을 바라보고 예수님을 닮아 가면 훗날 예수님의 영광에 동참하는 복된 삶을 살게 된다.

SPIRITUAL GROWTH

영적 성장의
길

## 제 6 일
# 영적 성장의 길
# - 경건

육체의 연단은 약간의 유익이 있으나 경건은 범사에
유익하니 금생과 내생에 약속이 있느니라 _딤전 4:8

*Spiritual Growth*

SPIRITUAL GROWTH

**경건에 대해** 성경은 금생만이 아니라 내생에도, 즉 장차 다가올 죽음 이후까지도 복을 약속하고 있습니다딤전 4:8.

성경은 육체의 연단은 약간의 유익이 있다고 말씀합니다. 육체의 연단, 즉 운동은 건강에 유익합니다. 운동을 하면 잔병치레 없이 건강하게 오래 살면서 많은 일을 할 수 있습니다. 이 때문에 사람들은 건강해지기 위해 노력합니다. 몸에 좋다고 하면 별별 음식을 다 먹습니다. 매일 숨이 조금 가쁠 정도로 운동하면 좋다는 말에 조깅을 시작하고 자전거를 탑니다. 새벽에 여의도공원에 나가 보면 운동하는 분들이 많이 있습니다. 건강이라는 유익을 위해 노력하는 것입니다.

그런데 경건이 주는 유익은 운동과 비교할 수 없을 만큼 큽니다. 경건은 금생과 내생에 약속이 있습니다. 오늘의 삶뿐 아니라 다가올 삶에서도 축복이 주어집니다. 그러므로 우리는 경건을 중요하게 생각해야 합니다.

## 1. 영적 성장의 목표는 경건한 사람이 되는 것이다

성경은 우리에게 경건에 대하여 지속적으로 교훈합니다. 디도서 1장 1절에는 "경건함에 속한 진리의 지식"이라는 표현이 나옵니다. 이는 진리에 대한 지식에도 경건한 삶이 뒷받침되어야 함을 보여줍니다.

디도서 2장 11절부터 13절에는 "모든 사람에게 구원을 주시는 하나님의 은혜가 나타나 우리를 양육하시되 경건하지 않은 것과 이 세상 정욕을 다 버리고 신중함과 의로움과 경건함으로 이 세상에 살고 복스러운 소망과 우리의 크신 하나님 구주 예수 그리스도의 영광이 나타나심을 기다리게 하셨으니"라고 기록되어 있습니다. 하나님의 은혜로 우리가 '경건하지 않은 것'을 다 버리고 '경건함'으로 살아가며 다시 오실 예수님을 맞이할 준비를 하게 됩니다.

우리는 마지막 때를 준비함에 있어서 경건을 놓치지 말아야 합니다. 베드로후서 3장 10절부터 12절은 "그러나 주의 날이 도둑같이 오리니 그날에는 하늘이 큰 소리로 떠나가고 물질이 뜨거운 불에 풀어지고 땅과 그중에 있는 모든 일이 드러나리로다 이 모든 것이 이렇게 풀어지리니 너희가 어떠한 사람이 되어야 마땅하냐 거룩한 행실과 경건함으로 하나님의 날이 임하기를 바라보고 간절히 사모하라"고 말씀합니다. 이 말씀이 강조하듯이, 우리는 거룩한 행실과 경건함을 갖추고 주님의 재림을 고대하며 살아야 합니다.

## 2. 경건한 사람은 예수 그리스도의 형상을 지니고 사는 사람이다

경건은 영어로 'godliness', 즉 하나님의 형상을 닮은 모습입니다. 따라서 경건한 사람은 예수 그리스도의 형상을 지니고 사는 사람을 의미합니다. 본래 우리는 하나님의 형상과 모양을 따라 지음 받았습니다. 그러나 아담이 범죄함으로 인하여 우리 속에 있던 하나님의 형상이 파괴되었습니다. 죄 가운데 태어나 죄 가운데 살다가 죄 가운데 죽어 가는 인생이 되고 말았습니다.

제가 2월에 설교하면서 한 재미 교포의 사연을 예화로 사용한 적이 있는데, 그분이 소식을 듣고 자신의 책을 보내 주었습니다.

그는 미국 시민권자로서 불법 체류 중인 여성과 결혼했는데, 아내가 영주권을 받자마자 계속해서 이혼을 요구했습니다. 아무리 거부해도 소용이 없었습니다. 나중에는 깡패를 동원해서 그를 죽이려고까지 했습니다. 그는 신변에 위협을 느끼고 총을 구입했습니다. 미국에서는 전과 기록이 없으면 총포상에 가서 구매 신청을 하고 1주일 후에 총을 구입할 수 있습니다. 그는 전과가 없었기 때문에 별 어려움 없이 총을 구입했습니다. 그런데 또다시 아내가 이혼을 요구하며 달려들자 그동안의 분노가 치밀어 올라 자신도 모르게 아내에게 총을 겨누고 "탕, 탕, 탕!" 세 발을 쏘았습니다. 부인은 그 자리에서 사망했고, 그는 무기 징역을 선고받았습니다. 그는 감옥에 들어간 후에 비로소 예수님을 만났습니다. 깊이 회개하고 변화된 그는 모범수로 인정되어 감형을 받아 출소했고, 지금은 주의 종으로서 복음을 전하는 일에 헌신하고 있습니다.

인간 안에 하나님의 형상이 사라지면 욱하는 감정조차 다스릴 수 없습니다. 순간의 분노를 견디지 못하고 사람을 죽이는 것입니다. 만일 우리나라도 미국처럼 총기를 자유롭게 구입할 수 있게 된다면 살인 사건이 지금보다 훨씬 증가할 것입니다. 우리 민족은 다혈질인 분이 많습니다. 성격이 급해서 식당에 가서 음식이 늦게 나오면 한바탕 난리를 칩니다. 그러니 누구나 총을 소지할 수 있게 되면 전국에서 총소리가 끊이지 않을 것입니다.

하나님의 형상을 상실한 인간에게 남은 것은 죄성밖에 없습니다. 하나님의 영이 떠나면 인간은 악한 존재가 될 수밖에 없습니다. 인간의 육체가 죄의 법의 통치를 받는 이유가 여기에 있습니다. 사도 바울도 육체로 인해 많은 어려움을 겪었습니다. 그는 고린도전서 15장 31절에서 "나는 날마다 죽노라"고 말했습니다. 로마서 7장 24절에서는 "오호라 나는 곤고한 사람이로다 이 사망의 몸에서 누가 나를 건져내랴"라고 탄식했습니다. 바울과 같은 위대한 하나님의 종 역시 옛 사람으로 인해 몸부림을 쳤던 것입니다. 바울은 로마서 8장으로 넘어가서야 "그리스도 예수 안에 있는 생명의 성령의 법이 죄와 사망의 법에서 나를 해방하였다!"라고 선언했습니다.

우리가 옛 사람을 이기고 경건한 사람이 되기 위해서는 항상 예수님을 생각해야 합니다. "너희 안에 이 마음을 품으라 곧 그리스도 예수의 마음이니"빌 2:5라는 말씀과 같이 하나님 형상을 회복하여 경건한 사람이 되려면 육신의 몸을 입고 이 땅에 오신 하나님의 아들 예수 그리스도를 닮아 가야 합니다. 예수님을 닮는 것이 곧 하나님의 형상을 회복하는 길입니다.

우리가 아담과 하와가 지음 받았을 당시의 죄 없는 상태로 돌아가려면 영적 운동, 즉 경건의 훈련을 해야 합니다. 경건의 훈련은 반드시 필요한 것인데, 이로 인한 축복은 육체의 운동이 가져다주는 유익과 비교할 수 없습니다.

세계 수영계의 정상급에 있는 박태환 선수는 지난 2007년 호주 멜버른에서 열린 세계수영선수권대회에서 금메달을 획득한 후 2008년 베이징올림픽에서는 200m와 400m에서 금메달을 수상하여 2관왕이 되었습니다. 그러나 2009년 세계선수권대회에서 예선 탈락의 고배를 마심으로써 '박태환 선수의 시대는 끝났는가?' 하는 우려를 낳기도 했습니다. 그러나 그는 심기일전하고 다시 훈련을 시작했습니다. 얼마나 훈련을 하고 또 했던지 2010년 아시안게임에서 4관왕을 차지하며 부활했습니다. 그리고 2011년 상하이 세계수영선수권대회에서는 강력한 우승 후보였던 중국의 쑨양을 제치고 금메달을 따는 쾌거를 이룩했습니다.

당시 전 세계에서 몰려온 기자들과 관계자들은 중국의 쑨양을 금메달리스트로 예상했습니다. 13억 중국인들 역시 쑨양을 국가의 영웅으로 생각하며 환호했습니다. 쑨양은 가장 좋다는 4번 레인을 배정받아 자신만만했습니다. 반대로 박태환 선수는 8명을 뽑는 예선에서 7등으로 통과하여 경기에 불리하다는 1번 레인을 배정받았습니다. 보통 3, 4번 레인을 배정받아야 수영을 하면서 양 옆을 보고 경쟁할 수 있기 때문에 경기에 유리합니다. 반면 제일 끝에 있는 1번은 불리한 레인입니다. 오직 자기 자신과의 싸움만 있는 곳입니다.

경기가 시작되자 예상대로 전 세계의 매스컴은 4번 레인의 쑨양 선수에게 초점을 맞추어 중계를 진행했습니다. 그런데 경기 중간쯤 되자 저 끝의 선수 하나가 선두로 나오는 것이 보였습니다. 그제야 카메라를 돌려서 그 선수를 비추었는데, 그 선수가 바로 1번 레인의 박태환 선수였습니다. 결국 박태환 선수가 1등을 하였습니다. 그는 자신과의 싸움에서 이겼습니다. 훈련에 훈련을 거듭한 결과였습니다.

육체의 훈련을 통해 획득한 금메달도 이처럼 영광스러운데, 하물며 신앙의 금메달은 어떻겠습니까? 우리는 신앙의 금메달을 따야 합니다. 예수님을 믿으려면 제대로 믿어야 합니다. 하나님 보시기에 금메달감으로 믿어야 합니다. 예수님을 믿으면서도 불신자와 다를 게 없다면 문제입니다. 성질낼 것 다 내고 싸울 것 다 싸우면 그게 무슨 신앙입니까? 신앙인은 달라야 합니다.

장사하는 분들은 잘 아시겠지만, 시장에 가서 아침에 물건을 뒤적거리고 사지 않으면 굉장히 욕을 먹습니다. 대부분의 상인들이 아침 첫 손님을 보고 하루 재수를 점치기 때문입니다. 그래서 처음 온 사람이 까다롭지 않게 물건을 사면 '야, 오늘은 재수가 좋겠다!' 라고 생각하고, 그렇지 않으면 '오늘은 재수가 없구나!' 라고 생각합니다.

그런데 한번은 이런 웃지 못할 일이 있었다고 합니다. 어떤 분이 동대문 시장의 옷 가게에 가서 한참 뒤적뒤적하다가 그냥 나왔습니다. 나오다 보니 뒤에서 "재수 없게 옷만 뒤적거리고 나가?" 하는 소리가 들렸습니다. 이분이 그냥 듣고 흘렸으면 좋았을 것을, 뒤돌아서서 따졌습니다.

"당신, 지금 뭐라고 했어?"

아침 첫 손님이 옷만 뒤적거리고 나가니까 가게 주인이 화가 나서 한마디 했는데, 그 소리를 듣고 돌아와서 시비를 거니 큰 소리가 나기 시작했습니다. 서로 '사과해라', '네가 잘못했다' 하며 한참 싸우는데 지나가던 사람이 아는 체를 했습니다.

"어머, 박 집사님! 무슨 일이세요?"

"네? 아, 아무것도 아닙니다."

이 소리에, 같이 싸우던 가게 주인이 "집사님이세요? 저도 집사인데, 미안합니다." 하고 사과를 했다고 합니다.

참 우스운 상황이지만 이것이 우리의 현실입니다. 예수님을 믿는다고 하면서, 교회 집사라고 하면서 화낼 거 다 내고 서로 싸웁니다. 어떻게 집사가 성질을 냅니까? 변화되지 않아서 그렇습니다. 경건하지 못한 사람들이 제직이 되어서 교회를 섬기기 때문에 교회마다 문제가 끊이지 않습니다.

교회는 오래 다녔지만 변화되지 않고 옛 사람의 모습으로 사는 직분자들이 교회에서 문제를 일으킵니다. 문제 있는 교회들을 가 보십시오. 초신자가 문제를 일으킨 경우는 별로 없습니다. 교회를 사랑한다고 주장하는 중직자들이 항상 문제의 중심에 있습니다.

여의도순복음교회가 설립된 지도 벌써 54년이 되었습니다. 사람으로 치면 중년입니다. 54년 정도 살았으면 사회의 지도자로서 많은 사람들에게 도움을 주며 살아가는 것이 마땅합니다. 교회도 마찬가지입니다. 오래된 교회일수록 사회에 도움을 주고 교계에서 지도자 역할을 해야 합니다.

예수님을 믿는 사람은 해가 거듭될수록 영적으로 더욱 성숙해져야 합니다. 자기 감정 하나 다스리지 못하는 것은 부끄러운 일입니다. 부부 싸움을 자주 하는 분들은 이 말을 잘 새기셔야 합니다. 우리가 화를 참지 못해서 아내나 남편, 아이들에게 성질을 내고 교회에 와서는 제직이라고 거룩한 척한다면 얼마나 위선자입니까? 교회에서만 거룩하고 교회 밖에서는 자기 성질대로 사는 사람은 한마디로 이중인격자입니다. 경건이라는 단어에 다 걸립니다. 어떻게 예수 믿는 사람이 사기 치고, 이웃에게 피해를 입히고, 무질서하게 살아갑니까? 신앙이 깊어질수록 그 삶도 규모 있고 경건해져야 마땅합니다.

CTS TV를 보면 많은 교회의 예배 실황을 볼 수 있는데, 그 중에서 제 눈길을 끈 한 교회가 있었습니다. 이 교회는 목사님이 설교를 마치고 축도한 후에 회중과 함께 '좋으신 하나님' 찬양을 3절까지 하고 통로로 걸어 나갈 때까지 단 한 사람도 움직이는 사람이 없습니다. 참으로 성숙한 모습입니다. 그런데 어떤 분들은 예배 마칠 때 '주기도송'을 부르는데, "하늘에" 할 때부터 벌써 가방을 싸기 시작해서 "계신 아버지" 하면 가방을 다 싸고 "주님 나라" 하기도 전에 퇴장하는 것을 봅니다. 바람직하지 못한 모습입니다. 물론 간혹 피치 못할 사정이 생겨서 급히 나가야 할 때가 있습니다. 하지만 그런 특별한 경우가 아닐 때에는 찬양이 끝나고 축도를 마칠 때까지 움직여서는 안 됩니다. 또한 교회당을 나설 때에도 몸이 불편한 분들이나 노약자들에게 길을 양보하며 질서 있게 걸어 나가야 합니다. 예배 마치고 나가는 것도 예배의 연장이기 때문입니다. 예배 문화가 달라져야 합니다. 보다 성숙해지고 질서 의식을 가져야 합니다.

## 3. 경건은 삶의 헌신을 통해 이루어진다

경건은 삶의 헌신을 통해 이루어집니다. 헌신의 삶을 단적으로 보여 주는 인물은 에녹입니다. 창세기 5장 21절부터 24절을 보면 "에녹은 육십오 세에 므두셀라를 낳았고 므두셀라를 낳은 후 삼백 년을 하나님과 동행하며 자녀들을 낳았으며 그는 삼백육십오 세를 살았더라 에녹이 하나님과 동행하더니 하나님이 그를 데려가시므로 세상에 있지 아니하였더라"고 기록되어 있습니다. 또한 히브리서 11장 5절에는 "믿음으로 에녹은 죽음을 보지 않고 옮겨졌으니 하나님이 그를 옮기심으로 다시 보이지 아니하였느니라 그는 옮겨지기 전에 하나님을 기쁘시게 하는 자라 하는 증거를 받았느니라"고 말씀하고 있습니다.

에녹은 하나님의 마음을 얼마나 감동시켰던지 므두셀라를 낳은 후 300년 동안 하나님을 기쁘시게 하는 자로 인정받았을 뿐 아니라 죽음을 보지 않고 살아 있는 상태로 하늘로 들림 받았습니다. 성경 전체에서 죽지 않고 산 채로 하늘로 들림 받은 인물은 두 사람뿐입니다. 바로 에녹과 엘리야입니다.

에녹은 '하나님과 동행하는 삶'을 살았습니다. 므두셀라를 낳은 후 300년을 하루같이 변함없이 하나님과 동행했습니다. 우리가 즐겨 부르는 찬송 중에 "주와 같이 길 가는 것 즐거운 일 아닌가" 새찬송가 430장라는 가사도 있지만, 실제로 우리는 그렇지 않을 때가 많습니다. 주님과 함께 길을 간다고 하면서 화내고 미워하고 염려하고 땅이 꺼지게 한숨을 쉽니다. 그런데 에녹은 300년이 넘도록 하루같이 주님과 동행했습니다.

우리가 주님과 동행한 에녹의 삶에서 간과하지 말아야 할 것은 그가 죄악 세상에 빠지지 않았다는 사실입니다. 노아의 방주를 생각해 보십시오. 방주는 물 위에 떠 있었지만 물이 한 방울도 들어가지 않았습니다. 방주 안팎으로 바른 역청 때문에 물이 들어갈 수 없었습니다. 우리의 마음도 이 방주와 같아야 합니다. 마음에 예수님의 피를 발라서 세상의 죄가 들어오지 못하게 해야 합니다. 에녹같이 하나님과 동행하여 살면서 죄와 타협하지 않고 하나님의 영광을 위해 살아야 합니다.

흔히 '경건'이라고 하면 거창한 것을 생각합니다. 그러나 실제로 경건은 단순합니다. 하나님을 닮은 모습으로 살아가는 것이 바로 경건입니다. 그러므로 우리가 경건하게 되기 위해서는 늘 예수님을 생각하고 예수님처럼 살아야 합니다. 에녹의 본을 받아 예수님과 동행하고 죄와 타협하지 말고 하나님을 기쁘시게 해야 합니다. 그럴 때 우리는 주님을 닮은 모습으로 조금씩 변화될 수 있습니다. 영적으로 성숙한 사람이 되어 가는 것입니다.

우리 모두 영적 어른이 되어 교회를 세우고 하나님 나라를 굳건하게 하는 귀한 일꾼으로서 하나님께 영광을 돌리게 되기를 간절히 소원합니다.

### 영적 성장의 길 - 경건

경건은 금생과 내생에 하나님의 약속이 주어진 덕목이다.
1. 영적 성장의 목적은 경건한 사람이 되는 것이다. 성경은 지속적으로 경건한 사람이 될 것을 우리에게 교훈하고 있다.
2. 경건한 사람은 예수 그리스도의 형상을 지니고 사는 사람이다. 옛 사람을 버리고 그리스도의 형상을 회복하기 위해서는 경건의 훈련을 해야 한다.
3. 경건은 삶의 헌신을 통해 이루어진다. 대표적인 인물로 에녹을 꼽을 수 있는데, 그는 날마다 하나님과 동행했으며 죄와 타협하지 않았고 하나님을 기쁘시게 하는 자로 인정받았다.

SPIRITUAL GROWTH

영적 성장의
길

제 **7** 일

# 경건 훈련

망령되고 허탄한 신화를 버리고 경건에 이르도록 네
자신을 연단하라 _딤전 4:7

*Spiritual Growth*

SPIRITUAL GROWTH

**우리가 영적으로** 성장하기 위해서는 훈련을 받아야 합니다. 성경은 이 훈련을 일컬어 '경건 훈련'이라고 하며, "경건에 이르도록 네 자신을 연단하라"딤전 4:7고 말씀합니다.

얼마 전 한 종교 지도자가 일간지와의 인터뷰에서 현시대를 '세상 사람들이 종교를 걱정하는 시대'라고 진단했습니다. 종교가 사람을 걱정해야 되는데, 거꾸로 사람들이 종교를 걱정하는 시대가 되었다는 것입니다. 타 종교 지도자의 말이지만 우리도 생각해 보아야 할 내용입니다.

왜 기독교가 세상으로부터 비판을 받습니까? 성숙하지 못한 그리스도인들 때문입니다. 디모데전서 4장 7절은 "망령되고 허탄한 신화를 버리고"라고 말씀합니다. 이 권면의 말씀처럼 우리는 세상 것에 얽매여서 세상을 목적으로 살던 옛 모습을 버리고 하나님의 거룩한 형상을 닮기 위해 열심히 자신을 훈련하고 노력해야 합니다. 이를 위해 우리는 다음과 같은 세 가지 사항을 지켜야 합니다.

## 1. 최선을 다하라

경건 훈련에 있어서 첫 번째 조건은 최선을 다하는 것입니다.

운동선수들은 경기에서 최고의 성적을 내기 위해 많은 땀을 흘리며 훈련에 훈련을 거듭합니다. 우리나라에서도 열린바 있는 세계육상대회를 보면 선수들이 한 번의 경기를 위해 수년간 땀 흘리고 노력하는 것을 알 수 있습니다. 그들은 힘을 다하여 경기에 임합니다. 자신의 실력을 100% 이상 발휘하려고 최선을 다합니다. 금메달, 은메달, 동메달이 거저 얻어지지 않습니다. 땀과 피로 맺는 열매입니다.

영적 훈련인 경건도 마찬가지입니다. 최고의 운동선수가 저절로 되지 않는 것처럼 경건도 저절로 이루어지지 않습니다. 우리가 하나님의 형상을 닮기 위해서는 경건의 훈련을 거쳐야 합니다.

시편 63편 1절에는 "하나님이여 주는 나의 하나님이시라 내가 간절히 주를 찾되 물이 없어 마르고 황폐한 땅에서 내 영혼이 주를 갈망하며 내 육체가 주를 앙모하나이다"라고 기록되어 있습니다. 빌립보서 3장 12절에는 "내가 이미 얻었다 함도 아니요 온전히 이루었다 함도 아니라 오직 내가 그리스도 예수께 잡힌 바 된 그것을 잡으려고 달려가노라"고 말씀하고 있습니다.

경건에 이르기 위해서는 전심으로 주님을 찾고 전력을 다하여 뛰어야 합니다. 안일한 생각으로 시간을 낭비할 것이 아니라 정신을 바짝 차리고 '내가 하나님이 기뻐하시는 모습으로 살아가고 있는가?'를 점검해야 합니다. 항상 자신을 돌아보고 하나님께서 기뻐하시는 모습이 되기 위해 부단히 노력해야 합니다.

내게 우리는 다른 사람이 먼저 변화될 것을 요구합니다. 아내는 남편에게, 남편은 아내에게, 자녀는 부모에게, 부모는 자녀에게 요구합니다. 자신은 전혀 변화하지 않으면서 다른 사람을 변화시키려고 노력합니다. 그러나 잊지 말아야 할 것은 '내가 변하지 않으면 상대방도 변하지 않는다.'는 사실입니다. 자신은 전혀 새로워지지 않으면서 주위의 사람을 지적하고 비난하면 오히려 다툼과 분열이 일어날 뿐입니다.

우리는 먼저 자신의 변화를 위해 시간을 들이고 노력을 기울여야 합니다. 자신의 변화를 위해 최선을 다할 때 진정한 경건이 우리 삶 가운데 이루어지고 그에 따른 축복으로 주변 사람과 환경의 변화도 다가오게 됩니다.


## 2. 가르침을 받으라

경건에 이르기 위해서는 가르침을 받아야 합니다.

'수불석권' 手不釋卷, 즉 '손에서 책을 놓지 말라'는 말처럼 우리는 평생 배우는 자세로 살아가야 합니다. 그런데 성경은 가르침을 주는 여느 책과 달리 생명의 말씀이 기록되어 있습니다. 그러므로 하나님의 말씀을 사모하고 묵상하고 말씀과 동행하는 것이 가장 값진 삶으로 가는 배움의 길입니다.

우리는 예수님께로부터 가르침을 받습니다. 예수님은 최고의 스승이요, 최고의 모델입니다. 성도는 마땅히 예수님의 가르침을 늘 마음에 새기고 예수님께서 걸어가신 발자취를 따라가야 합니다. 예수님께서 행하신 일을 따라 하며 예수님처럼 살기를 소원해야 합니다. 그것이 하나님의 은혜요, 축복입니다.

저는 2011년 8월 대구에 내려가 '하나 되게 하소서'를 주제로 열린 초교파여평신도회 연합 집회에서 이틀 동안 말씀을 전했습니다. 이 집회는 대구 지역의 평신도 여성 지도자들이 20년째 주최하는 연합 성회로 매년 8월 셋째 주 또는 넷째 주에 열리는데, 통상적으로 이때가 여름 휴가철이라 연합 모임이 잘 성사되지도 않을 뿐더러 모이기도 어렵습니다. 그런데도 이분들은 연초부터 계속해서 기도하고 임원들이 짝을 지어 대구 지역의 교회들을 찾아가 참석을 부탁한다고 합니다. 그 결과 해마다 2,000명 이상 되는 성도들이 모입니다. 보통 목회자들이 연합하여 집회를 할 때 300-400명 정도 모이는 것과 비교하면 대단한 숫자입니다. 더구나 이 성회는 원한다고 해서 누구나 참석할 수 없습니다. 회비를 내고 명찰을 패용한 사람들에 한하여 집회에 참석할 자격을 줍니다. 집회는 아침에 예배드리고 낮에는 세미나를 하고 저녁에는 다시 예배드리는 방식으로 진행되는데, 꼬박 이틀을 온전히 하나님께 드리며 그 안에서 은혜를 받고 변화를 체험합니다.

저는 그분들이 최선을 다해서 성회를 준비하는 모습과 말씀을 사모하는 열정에 감동을 받았습니다. 각 교회에서 협조하여 성가대가 서고 찬양 팀, 워십 팀이 모두 나와서 봉사를 합니다. 자세가 남다릅니다. 그들에게는 '말씀을 통해서 은혜 받고 변화되기를 원합니다. 우리가 변화되고 이 대구를 주의 복음으로 변화시켜서 성시화하기 원합니다.' 라는 간절한 열망이 있습니다. 저는 그 모습을 보고 도전을 받았습니다.

집회 마지막 날인 화요일 오후에는 할렐루야교회 김승욱 목사님이 설교를 하셨습니다. 이분은 미국 L.A.의 남가주사랑의교회에서 오정현 목사님 후임으로 사역하시다가 김상복 목사님이 은퇴하신 후 할렐루야교회의 담임목사로 오셨는데 이제 미국에서 오신 지 1년 정도 되었습니다. 이분이 함께 식사하는 자리에서 저에게 "저는 '이영훈 목사님' 하면 미국에서 섬기시던 모습이 늘 생각납니다."라고 말씀했습니다. L.A.에 있을 때 목사님들이 모이는 여러 모임에서 제가 섬기는 모습을 보았다는 것입니다. 저는 그분에게 "우리가 예수님의 제자로서 섬기는 것이 당연한데, 당연한 것이 당연하게 여겨지지 않고 특별하게 생각된다는 것 자체가 우리 모두에게 문제가 있는 것 같습니다."라고 대답했습니다.

예수 믿는 사람이 섬기는 것은 당연합니다. 은혜 받고 변화된 후에는 섬기는 삶을 살아야 합니다. 배우자를 섬기고, 가정을 섬기고, 구역을 섬겨야 합니다. 만일 그렇지 않고 우리가 섬김을 받겠다고 하면 모두 다 독재자가 되고 맙니다.

독재자는 자기 마음대로 하면서 명령만 합니다. 우리는 리비아의 카다피를 통해 독재자의 말로가 어떠한지 두 눈으로 똑똑히 보았습니다. 그런데 우리가 주의해야 할 것은 평범한 사람이라 할지라도 섬김을 받으려고만 하면 독재자와 다르지 않다는 사실입니다. 특히 남성들은 집에서 독재자로 군림할 때가 많습니다. 가정에서도 무조건 명령해서는 안 됩니다. 남편이 유교적인 잔재에 젖어서 자신은 손 하나 까딱 안 하고 "물 가져와.", "신문 가져와."라고 명령만 한다면, 그의 아내는 함께 가정을 이룬 배우자가 아니라 심부름꾼으로 전락하고 맙니다.

우리가 주님 앞에서 말씀대로 살기 위해 노력하다 보면 평소에 아무렇지도 않게 했던 행동이 문제투성이라는 사실을 알게 됩니다. 예수님의 삶은 섬기는 삶이었습니다. 예수님께서는 평생을 섬기며 사셨습니다. 그러므로 예수님을 믿는다는 우리가 명령하고 지시하고 남을 다스리고 대접받기를 좋아한다면 심각한 문제입니다.

사람은 섬김을 받다 보면 그것에 익숙해집니다. 관심이 항상 섬김을 받는 쪽으로 기울어지고 조금이라도 대우가 소홀해지면 마음에 섭섭함이 생깁니다. 우리가 주님을 섬기는 일꾼으로 살기 원한다면 위로는 하나님을 섬기고 땅에서는 이웃을 섬겨야 합니다. 그러나 이 일이 우리 힘만으로는 잘되지 않습니다. 오직 예수 그리스도를 바라볼 때 가능합니다.

우리는 자나 깨나, 앉으나 서나 예수님 닮기를 소원하고 예수님의 가르침을 배워야 합니다. 예수님께서 가신 길을 따라가고 예수님처럼 살기 위해 노력해야 합니다. 그리할 때 예수님을 통해서, 또 영적인 선배들을 통해서 예수님 닮은 삶을 배워 나갈 수 있습니다.


### 3. 끊임없이 훈련하라

경건 훈련은 지속적인 훈련입니다. 계속해서 말씀을 묵상하고 기도하고 삶에 적용하는 과정의 연속입니다. 그중에서도 특히 말씀 훈련이 중요한데, 그 방법은 대략 일곱 가지로 구분할 수 있습니다.

첫째로, 말씀을 들어야 합니다.
로마서 10장 17절은 "믿음은 들음에서 나며 들음은 그리스도의 말씀으로 말미암았느니라"고 말씀합니다. 믿음은 말씀을 통하여 생겨납니다. 그러므로 말씀 듣기를 사모해야 합니다. 항상 말씀을 가까이하는 습관을 가져야 합니다. 예배 때에만 설교를 들을 것이 아니라 자동차를 운전할 때에도 극동방송이나 CD를 통하여 설교 말씀을 듣고, 성경 교육 프로그램을 통해서 말씀을 듣는 것이 좋습니다.

말씀을 들으면 말씀 앞에 결단하게 됩니다. 어느 순간 어떤 말씀이 나의 인생을 바꾸어 놓을지 알 수 없습니다. 매 순간 기대하고 사모하는 마음으로 말씀을 듣다 보면 주님이 역사하셔서 말씀 한마디로 나의 인생이 바뀌게 되는 것입니다.

영국의 위대한 설교자 찰스 스펄전Charles H. Spurgeon 목사님이 극적으로 회심한 것도 한 감리교회의 예배 때였습니다. 1850년 1월 6일 주일 아침, 극심한 폭설로 인해 당시 15세였던 스펄전은 평소에 예배를 드리던 교회에 가지 못하고 가까운 감리교회에 갔습니다. 그런데 눈이 너무 많이 와서 그 교회의 설교자가 제시간에 도착하지 못했습니다. 결국 예배드리기 위해 모였던 평신도 중 한 사람이 설교자를 대신하여 앞에 나가 설교를 했습니다. 그 설교의 본문은 "땅 끝의 모든 백성아 나를 앙망하라 그리하면 구원을 얻으리라" 사 45:22, 개역한글판는 말씀이었습니다. 그 평신도는 짧은 설교를 마친 뒤 성전의 뒷자리에 앉아 있던 스펄전을 가리키며 말했습니다.

"땅 끝의 모든 백성들아, 야훼를 앙망하라! 이보게 젊은이, 왜 그렇게 가련한 모습을 하고 있나? 지금 성경 말씀에 순종하면 말씀대로 당신은 구원을 받을 수 있네."

그리고 그는 잠시 말을 멈추었다가 조금 더 열정적으로 말했습니다.

"청년이여, 예수를 바라보라! 지금 바라보라!"

그 한마디가 스펄전의 운명을 바꾸어 놓았습니다. 훗날 스펄전은 자신이 극적으로 회심했던 당시의 일을 회상하며 "그때 그곳에서 나를 에워싸고 있는 먹구름이 걷히고 어둠이 물러갔습니다."라고 말했습니다. 그 일이 있은 후 스펄전의 인생은 완전히 변화되었습니다. "야훼를 앙망하라!"는 말씀이 그를 세기의 설교자를 만든 것입니다.

내게 주신 말씀, 하나님의 축복의 말씀, 기적의 말씀, 은혜의 말씀을 사모하며 들으십시오. 그리할 때 하나님의 역사를 경험하게 될 것입니다.

둘째로, 말씀을 읽어야 합니다.

요한계시록 1장 3절은 "이 예언의 말씀을 읽는 자와 듣는 자와 그 가운데에 기록한 것을 지키는 자는 복이 있나니 때가 가까움이라"고 말씀하고 있습니다. 말씀을 다 이해하지 못해도 읽고 또 읽어야 합니다. 개인적으로 목표를 세우고 매일 꾸준히 읽어야 합니다. 젊은 분들은 1차 목표 10독을 시작으로 100독에 도전하시고 나이가 드신 분들은 10독에 도전하십시오. 성경책 맨 위에 읽기 시작한 날과 마친 날을 기록하면서 성경 읽기에 도전하면 할 수 있습니다. 성경 읽는 것이 많이 밀린 분들은 석 달에 성경을 1독할 수 있게 구성한 『90일 성경』을 보십시오. '아이고, 석 달에 한 번 읽으려면 바쁘겠는데!' 라고 생각하지 말고 도전을 하십시오. 성경을 많이 읽어야 합니다. 읽으면 읽을수록 하나님께서 주시는 은혜가 있습니다.

셋째로, 말씀을 공부해야 합니다.

사도행전 17장 11절에 "베뢰아에 있는 사람들은 데살로니가에 있는 사람들보다 더 너그러워서 간절한 마음으로 말씀을 받고 이것이 그러한가 하여 날마다 성경을 상고하므로"라고 기록되어 있습니다. 말씀을 들은 후에는 그 의미를 되새기면서 말씀을 공부해야 합니다. 이때 성경책 외에 주석이나 성경 사전 같은 책의 도움을 받는 것이 좋습니다. 또한 교회에서 운영하는 성경 공부 프로그램에 참여하는 것도 좋은 방법입니다. 우리 교회에서는 다양한 성경 프로그램을 운영하고 있으므로 그것을 활용하면 좋습니다.

말씀을 공부하면 주님을 더욱 잘 알게 됩니다. 성경은 "내 아들아 네가 만일 나의 말을 받으며 나의 계명을 네게 간직하며 네 귀를 지혜에 기울이며 네 마음을 명철에 두며 지식을 불러 구하며 명철을 얻으려고 소리를 높이며 은을 구하는 것 같이 그것을 구하며 감추어진 보배를 찾는 것 같이 그것을 찾으면 야훼 경외하기를 깨달으며 하나님을 알게 되리니"잠 2:1-5라고 말씀합니다.

넷째로, 말씀을 외워야 합니다.

시편 119편을 보면 9절에 "청년이 무엇으로 그의 행실을 깨끗하게 하리이까 주의 말씀만 지킬 따름이니이다"라고 말씀하고 있고, 11절에는 "내가 주께 범죄하지 아니하려 하여 주의 말씀을 내 마음에 두었나이다"라고 말씀합니다. 또 잠언 7장 1절에서는 "내 아들아 내 말을 지키며 내 계명을 간직하라"고 권면

합니다.

말씀을 외워서 내 것으로 만들고 그 말씀을 근거로 기도하면 응답이 속히 옵니다. 말씀을 외우기 위해서는 말씀이 기록된 조그만 수첩을 가지고 다니면서 말씀을 늘 읽고 묵상하는 것이 좋습니다. 우리가 하루에 한 구절씩만 외워도 일 년이면 365절을 외울 수 있습니다. 이렇게 하면 3년이면 최소한 1,000구절을 외웁니다. 1년에 300구절만 외운다고 해도 10년이면 3,000구절입니다. 짧은 구절이나 평소에 좋아하던 구절부터 시작해 보십시오. 하루에 한 절씩 외우고 묵상하면 말씀의 놀라운 능력을 체험하게 될 것입니다.

다섯째로, 말씀을 늘 묵상해야 합니다.

시편 1편 2절부터 3절은 복있는 사람에 대해서 "오직 야훼의 율법을 즐거워하여 그의 율법을 주야로 묵상하는도다 그는 시냇가에 심은 나무가 철을 따라 열매를 맺으며 그 잎사귀가 마르지 아니함 같으니 그가 하는 모든 일이 다 형통하리로다"라고 말씀합니다. 말씀을 묵상하는 자의 삶은 마르지 않는 나무처럼 형통하게 됩니다.

여섯째로, 말씀을 삶에 적용해야 합니다.

말씀을 듣고 읽고 공부하고 외운다고 해도 말씀대로 살지 않으면 그저 하나의 지식에 불과하게 됩니다. 말씀은 우리의 삶을 통해 나타나야 합니다. 말씀이 삶으로 나타날 때 거짓 없는 참된 신앙이 증명됩니다.

마지막 일곱째로, 말씀의 열매를 맺어야 합니다.

말씀의 열매는 성령의 도우심으로 맺을 수 있습니다. 예수를 믿는데도 삶에 변화가 나타나지 않는 것은 말씀 훈련을 제대로 받지 않았기 때문입니다. 이단들은 이런 우리의 약점을 알고 말씀 공부라는 미명으로 우리를 유혹합니다. 무료로 성경 공부를 시켜 준다고 유혹해서 멸망의 길로 빠뜨립니다.

제가 미국 L.A.에서 교회를 섬길 때 권사님 한 분이 항상 따돌림을 당했습니다. 다른 권사님들이 자기를 따돌리고 무시하니까 그 권사님이 마음에 상처를 받았습니다. 그런데 하루는 한 성도가 저에게 그 권사님이 이상하다며 귀띔을 해 주었습니다.

"목사님, 그 권사님 요즘 이상한 데에 나가는 것 같아요. 누구 따라서 성경 공부하러 간다고 하는데 아무래도 이상해요."

그래서 제가 '아! 잘못된 곳에 가고 있구나.' 라고 생각했습니다. 이단들이 교회에서 시험 들고 상처 입은 사람 알아보는 눈은 시력이 2.0입니다. 신앙생활 잘하고 주님 잘 섬기는 사람들은 아무리 건드리고 찔러도 오히려 믿음이 강해진다는 것을 알기 때문에 아예 접근하지 않습니다. 그러나 얼굴에 '섭섭이'라고 쓰여 있는 사람들에게는 아주 친절하게 접근해서 성경 공부 하러 가자고 유혹합니다. 그 권사님도 마음에 시험이 든 것을 알고 이단이 접근한 것입니다. 그래서 제가 그 권사님을 사무실로 불러서 물었습니다.

"권사님, 요즘 성경 공부하러 다니신다면서요?"

"누가 또 일렀군요."

"권사님, 거기 성경 공부 가르치는 것이 어떻습니까? 좀 이상하지 않아요?"

"제가 평소에 못 듣던 이야기를 거기서 많이 듣습니다."

못 듣던 이야기를 많이 듣는 것이 이상한 것입니다. 성경은 늘 같은 것을 말씀합니다. 그런데 이단은 기존의 가르침을 모두 부인하고 전혀 새로운 것을 주장합니다. 저는 확인할 겸 권사님에게 또 물었습니다.

"거기서 요한계시록으로 강의하지 않습니까?"

"어, 목사님이 어떻게 아세요?"

"내가 다 알지요. '14만 4천' 이야기하지 않습니까?"

"맞아요."

대부분의 이단이 주로 요한계시록만 가지고 공부합니다. 특히 요즘 기승을 부리는 신천지 같은 경우는 14만 4천 명에 들어야 구원을 얻는다고 주장합니다. 지금 여의도순복음교회 성도가 제자 교회들을 다 독립시키고도 47만 명이니, 여의도순복음교회 성도만으로도 그 숫자에 다 못 들어갑니다. 지금 신천지에는 5만 명 정도의 신도가 있다고 하는데, 그곳에 있다가 나온 분의 말에 의하면 각 교회별로 다섯 명, 열 명씩 포섭한 명단이 있다고 합니다. 일반 교회에서 제대로 신앙생활하지 못하던 사람, 신앙이 약한 사람들을 미혹시킨 것입니다.

왜 이런 일이 생깁니까? 평소에 우리가 말씀 안에서 변화받지 못했기 때문입니다. 말씀으로 훈련하면 신앙이 견고해져서 흔들리지 않습니다. 말씀을 듣고, 말씀을 읽고, 말씀을 공부하고, 말씀을 암송하고, 말씀을 묵상하고, 말씀을 삶에 적용하고, 말씀의 열매를 맺어야 합니다. 이렇게 차근차근 훈련하고 말씀의 기초를 쌓아 가다 보면 변화된 새사람으로 견고하게 서고 영적으로 성숙한 하나님의 사람이 됩니다. 우리를 통하여 가정이 변화되고 구역이 변화되고 교회가 부흥하고 하나님의 축복이 다가오는 것입니다.

그러므로 사소한 일에 흔들리지 말고 예수님만 바라보고 믿음으로 살아가는 영적 지도자, 영적 거인들이 되시기를 바랍니다.

### 경건 훈련

경건은 하나님의 모습을 닮아 가는 것을 말한다. 경건해지기 위해서는,

1. 최선을 다해야 한다.
2. 최고의 스승이신 예수님께로부터 가르침을 받아야 한다.
3. 지속적으로 훈련하되, 특히 말씀 훈련을 병행하여야 한다. 말씀 훈련이란, ① 말씀을 듣고, ② 말씀을 읽고, ③ 말씀을 공부하고, ④ 말씀을 암송하고, ⑤ 말씀을 묵상하고, ⑥ 말씀을 삶에 적용하고, ⑦ 말씀의 열매를 맺는 것을 가리킨다.

## 제8일

# 영적 성장의 길
# - 헌신

그러므로 형제들아 내가 하나님의 모든 자비하심으로 너희를 권하노니 너희 몸을 하나님이 기뻐하시는 거룩한 산 제물로 드리라 이는 너희가 드릴 영적 예배니라 너희는 이 세대를 본받지 말고 오직 마음을 새롭게 함으로 변화를 받아 하나님의 선하시고 기뻐하시고 온전하신 뜻이 무엇인지 분별하도록 하라
_롬 12:1-2

SPIRITUAL GROWTH

　　**우리 그리스도인들은** 영적으로 성장해야 합니다. 예수님을 믿고 하나님의 은혜로 구원을 받았으면, 예수님을 닮은 모습으로 변화되어 다른 사람들에게 선한 영향력을 미치는 삶을 살아야 합니다. 물론 이 세상에 완전한 사람은 아무도 없습니다. 그러나 오랫동안 예수님을 믿었음에도 불구하고 삶에 별다른 변화가 없다면 심각한 문제입니다. 예수님을 20년, 30년 동안 믿었다고 하는 사람들 중에도 입만 열면 부정적인 말을 하고 불평하는 사람들이 있습니다. 교회에서나 세상에서나 다른 사람들에게 상처를 줄 뿐 평안을 주지 못하는 사람들이 있습니다.

　　그 이유는 자신이 인생의 주인이 되어 살기 때문입니다. 그런 사람들은 예수님을 믿는다고 하면서도 주님께 맡기지 못하고 자신의 힘과 능력으로 살아갑니다.

남부 인도에서는 원숭이를 잡을 때 다음과 같은 방법을 사용한다고 합니다.

먼저 딱딱한 코코넛에 원숭이 손이 간신히 들어갈 만한 구멍을 뚫고 속을 파낸 다음 그 속에 원숭이가 좋아하는 먹을 것을 넣습니다. 그리고 끈으로 코코넛을 말뚝에 고정시키고 숨어서 기다리면 어느새 냄새를 맡은 원숭이가 다가와 코코넛 구멍 속에 손을 넣고 먹을 것을 한껏 움켜쥡니다. 그런데 주먹을 쥔 상태로는 손을 뺄 수가 없습니다. 아무리 힘을 줘서 잡아당겨도 빠지지 않습니다. 손을 펴서 쥔 것을 놓으면 뺄 수가 있는데, 원숭이는 그것을 놓지 못합니다. 결국 사람들이 다가오는 것을 보면서도 손 안에 든 먹을 것 때문에 꼼짝없이 잡히고 맙니다.

우리의 인생이 이와 같습니다. 코코넛에 들어 있는 먹이 한 움큼을 쥐고 놓지 못하는 원숭이처럼 물질과 명예, 탐욕의 노예가 되어 살고 있습니다. 내가 가진 모든 것을 내려놓고 주님께 맡기면 하나님께서 책임져 주시는데, 그것을 잔뜩 움켜쥐고 몸부림치다가 결국에는 자신을 파멸시키고 있습니다. 우리는 "나는 아무것도 아닙니다. 주님만이 나의 모든 것이 되십니다."라고 고백하며 우리의 삶 전체를 하나님께 드려야 합니다.

## 1. 하나님께 모든 것을 드리는 삶

'헌신' 이란 우리의 삶 전체를 하나님의 영광을 위하여 드리는 것을 말합니다. 로마서 12장 1절부터 2절은 다음과 같이 말씀합니다.

"그러므로 형제들아 내가 하나님의 모든 자비하심으로 너희를 권하노니 너희 몸을 하나님이 기뻐하시는 거룩한 산 제물로 드리라 이는 너희가 드릴 영적 예배니라 너희는 이 세대를 본받지 말고 오직 마음을 새롭게 함으로 변화를 받아 하나님의 선하시고 기뻐하시고 온전하신 뜻이 무엇인지 분별하도록 하라"

예수님을 믿는 사람은 자기 자신을 '하나님이 기뻐하시는 거룩한 산 제물' 로 드려야 합니다. 구약 시대에 번제를 드릴 때 제물의 전부를 불살라 드렸던 것처럼, 우리의 모든 것을 하나님께 제물로 바쳐야 합니다. 진정한 헌신은 주님을 향한 사랑과 열정으로 "나의 생명까지도 주님이 기뻐하시는 일을 위해 드리기 원합니다." 라고 고백하며 내가 가진 모든 것을 하나님께 드리는 것입니다.

    순회선교단에서 귀하게 쓰임 받고 계시는 김용의 선교사님은 예수님을 믿기 전에는 거칠은 인생을 살았습니다. 어린 시절 그의 아버지는 제법 잘나가는 고급 술집 사장님이셨습니다. 그 술집은 동네에서 흔하게 볼 수 있는 평범한 주점이 아니었습니다. 유명한 기생들이 일하는 최고급 술집이었기 때문에 국회의원이나 경찰서장, 고위 관리만이 드나들 수 있었습니다. 그때 그는 사회적으로 명망 있는 사람들이 망가지는 모습을 보면서 삶에 큰 회의를 느꼈습니다. 입버릇처럼 애국심을 강조하고 평소에 체면과 품위를 생명처럼 여기는 점잖은 분들의 이중성을 알게 되었기 때문입니다.

    그런 그에게 큰 시련이 다가왔습니다. 그가 중학교 2학년 때 갑자기 아버지가 돌아가셨습니다. 그는 빚더미를 떠안은 채 학교를 중퇴하고 길거리로 쫓겨나 말할 수 없이 절망적인 삶을 살았습니다. 그는 늘 자신의 처지를 비관했습니다. '나는 왜 사는 걸까? 나는 술집 아들로 태어나 공부도 못하고 능력도 없다. 이 비참한 인생을 끝장낼 배짱도 없고 보란 듯이 성공하겠다는 욕심도 없다. 나를 알아주는 사람도, 나를 도와줄 사람도 없다.' 라고 생각했습니다.

그러나 그 절망의 밑바닥에서 예수님께서 그를 만나 주셨습니다. 그에게 다가와 "내가 너를 사랑한다. 너는 망해 버린 술집 사장의 아들이 아니다. 내가 너를 대신해서 죽어야 했을 만큼 소중한 하나님의 자녀다."라고 말씀해 주셨습니다.

그 이후로 그는 완전히 다른 사람이 되었습니다. 평생을 예수님을 위하여 살다가 죽겠노라고 다짐하며 주님께 자신의 모든 것을 드렸습니다. 자신의 다섯 자녀도 모두 선교사로 서원시켰습니다.

선교사로 산다는 것은 쉬운 일이 아닙니다. 더욱이 자신도 선교사로서 힘든 길을 가면서 자식들 역시 선교사로 보내는 일은 결코 쉽지 않습니다. 한번은 김용의 선교사님의 딸아이가 해외에서 선교사 훈련을 받다가 병이 들어 한 달 동안이나 먹지도 마시지도 못했던 일이 있었습니다. 김용의 선교사님이 뒤늦게 소식을 접하고 부랴부랴 그곳에 도착해 보니 1분도 지체할 수 없을 만큼 심각한 상황이었습니다. 그 나라에서는 치료할 방법도 없었습니다. 하는 수 없이 딸을 데리고 한국에 돌아오려는데 항공사에서 탑승을 거부했습니다. 비행기를 타고 가다가 갑자기 죽을 수 있다는 이유 때문이었습니다. 김용의 선교사님은 이런 일을 겪으면서도 자녀를 선교사로 바치겠다는 결심을 굽히지 않았습니다. 결국 지금은 자신을 포함한 모든 가족들이 선교사의 삶을 살아가고 있습니다.

그분이 그렇게 할 수 있었던 이유가 무엇일까요? 주님께서 주신 은혜에 대한 감격 때문입니다. 그분은 하나님의 놀라운 은혜가 감당할 수 없을 만큼 너무나도 감사하기에 "저에게 있는 모든 것을 다 바쳐서 주님을 섬기기 원합니다."라고 고백하며 헌신의 삶을 살고 있는 것입니다. 이러한 감사와 감격이 우리에게도 넘쳐 나게 되기를 소원합니다. 주님만 바라보고 주님 한 분만으로 충분한 삶을 살게 되기를 바랍니다.

우리는 모두 구원의 은혜를 체험한 사람들입니다. 그러므로 더 이상 '무시당했다', '상처받았다', '시험에 들었다' 라는 식의 '나를 알아 달라'는 이야기는 하지 말아야 합니다. 우리가 무시를 당하면 얼마나 당했습니까? 예수님처럼 무시를 당했습니까? 우리가 예수님처럼 짓밟힘을 당했습니까? 예수님께서 당하신 고난은 말로 표현할 수 없는 것이었습니다. 수많은 사람들이 예수님을 비난하고 멸시하고 침을 뱉었습니다. 조롱하고 채찍질하며 온갖 수치와 모욕을 주었습니다. 왜 예수님께서 이런 고초를 묵묵히 당하셨습니까? 불의하고 방탕한 우리를 죄 가운데서 구원해 주시기 위해서입니다. 우리를 구원하시기 위해 예수님께서는 아무도 자신을 이해해 주지 않는 상황 속에서도 온갖 박해와 조롱과 고난을 홀로 감당하셨습니다. 이 엄청난 은혜, 갚으려야 갚을 수 없는 은혜를 받은 우리가 계속해서 초보적인 신앙에만 머물러 있으면 안 됩니다. 교회에 다닌 지 10년, 20년이 지났는데도 누가 조금 뭐라고 하면 섭섭해서 교회를 떠나겠다고 말하는 수준에 머물러 있으면 안 됩니다.

사실 저는 여의도순복음교회를 담임하면서 안타까움이 있습니다. 제가 섬겨야 할 성도들이 너무 많기 때문입니다. 삼백 명 정도라면 제가 성도 한 사람 한 사람 이름을 불러 가며 성도 개인과 그 가정을 위해 기도해 드릴 수 있겠지만, 지금 상황에서는 도저히 그렇게 할 수가 없습니다. 그래서 저는 하나님 앞에서 부끄럽고 성도들께도 죄송한 마음이 있습니다. 그러나 제가 여의도순복음교회 성도들에게 기회가 있을 때마다 강조하는 것이 한 가지 있습니다. 다른 것은 몰라도 이것 하나만은 주님 앞에 서는 그날까지 꼭 붙잡고 흔들리지 말라고 말씀드리는 것이 있습니다. 어떠한 상황 속에서도 예수님 한 분만 바라보고 하나님께 헌신하는 성도, 하나님께서 기뻐하시는 성도가 되어 달라는 것입니다. 주님을 위해 살다가 섭섭하거나 억울한 일을 당해도, 무시를 당하거나 나를 알아주지 않아도 '주님이 알아주신다'는 사실만으로 만족하는 그리스도인이 되어 달라는 것입니다.

우리는 "주님을 위해서라면 어떠한 희생도 기꺼이 하기를 원합니다. 남이 알아주지 않아도 좋습니다. 무시당하고 욕을 먹어도 괜찮습니다. 주님을 위하여 목숨 바쳐 일하기 원합니다. 저 같은 죄인을 위해 몸 찢기고 피 흘려 십자가에서 죽으신 주님, 주님 한 분만으로 충분한 사람이 되기 원합니다."라고 기도해야 합니다. 우리는 신앙생활의 연수가 늘어 갈수록 더욱더 예수님을 닮아 가는 그리스도인이 되어야 합니다. 자신의 문제에만 머물러 있을 것이 아니라, 주위에 힘들고 어렵게 살아가는 사람들을 돕는 성숙한 그리스도인으로 살아가야 합니다.

## 2. 하나님께 영광 돌리는 삶

예수님을 믿기 전에는 잘사는 것이 우리 삶의 목적이었습니다. 좋은 배우자를 만나 행복한 가정을 이루는 것, 돈을 많이 버는 것, 출세하여 명예를 얻는 것 등 세상에서의 안락한 삶이 우리 삶의 목표였고 꿈이었습니다. 그래서 이러한 것들이 하나둘씩 이루어져 가면 '나는 성공한 사람이다. 행복한 사람이다.'라고 생각하며 살았습니다. 그러나 이 땅에서의 목표는 우리에게 참된 기쁨과 만족을 가져다주지 못합니다. 이 세상에서 영원한 것은 아무것도 없기 때문입니다.

리비아의 최고 지도자였던 카다피는 42년간 독재 권력을 휘둘렀습니다. 그는 모든 권력을 독점하고 영원토록 누리고 싶어 했지만, 결국에는 반정부 시위로 인하여 권좌에서 쫓겨나 비참한 최후를 맞이했습니다. 이란의 팔레비 왕과 이라크의 후세인도 마찬가지입니다. 그들 역시 한때는 한 나라의 최고 권력자였지만, 결국에는 권좌에서 쫓겨나 죽음을 맞이하고 말았습니다. 이처럼 이 땅에서 아무리 큰 부귀영화를 누린다 할지라도 결국에는 허무한 것이 우리의 인생입니다.

예수님을 믿는 우리는 분명한 삶의 목적을 깨달아 알고 살아야 합니다. '나는 무엇 때문에 사는가?'라는 질문에 대하여 명확한 답을 가지고 있어야 합니다. 우리 인간의 존재 목적은 하나님께 영광을 돌리는 데 있습니다. 하나님께서는 인생의 목적을 다음과 같이 분명하게 말씀해 주셨습니다.

"내 이름으로 불려지는 모든 자 곧 내가 내 영광을 위하여 창

조한 자를 오게 하라 그를 내가 지었고 그를 내가 만들었느니라"사 43:7

우리는 하나님의 영광을 위하여 창조된 존재입니다. 이에 대하여 장로교에서 매우 중요하게 여기는 웨스트민스터교리문답 제1조는 "사람의 첫째 되는 목적이 무엇인가? 사람의 첫째 되는 목적은 하나님을 영화롭게 하는 것과 영원히 그를 즐거워하는 것이다."라고 가르칩니다. 이것은 특정 교단만의 교리가 아니라 성경이 우리에게 가르쳐 주신 말씀입니다. 우리 인생의 목적은 오직 하나님께 영광을 돌려드리는 데 있습니다.

하나님께서는 영광 받으시기에 합당한 분이십니다. 요한계시록 4장 8절부터 11절은 그룹 천사들이 하나님을 찬양하는 모습을 다음과 같이 묘사합니다.

"네 생물은 각각 여섯 날개를 가졌고 그 안과 주위에는 눈들이 가득하더라 그들이 밤낮 쉬지 않고 이르기를 거룩하다 거룩하다 거룩하다 주 하나님 곧 전능하신 이여 전에도 계셨고 이제도 계시고 장차 오실 이시라 하고 그 생물들이 보좌에 앉으사 세세토록 살아 계시는 이에게 영광과 존귀와 감사를 돌릴 때에 이

십사 장로들이 보좌에 앉으신 이 앞에 엎드려 세세토록 살아 계시는 이에게 경배하고 자기의 관을 보좌 앞에 드리며 이르되 우리 주 하나님이여 영광과 존귀와 권능을 받으시는 것이 합당하오니 주께서 만물을 지으신지라 만물이 주의 뜻대로 있었고 또 지으심을 받았나이다 하더라"

오직 주님만이 영광과 존귀와 권능을 받으시기에 합당하십니다.

사실 우리는 이 진리를 잘 알고 있습니다. 그러나 아는 것과 실천하는 것은 다릅니다. 우리는 하나님이 영광 받으시기에 합당한 분이라는 사실을 알지만, 하나님께만 영광 돌리지 못할 때가 많습니다. 자기 자신을 내려놓고 하나님의 영광을 위해 살아야 한다는 사실을 알면서도 나의 영광, 나의 유익, 나의 업적, 나의 명예, 나의 자존심을 위해 살아갑니다. 우리가 진정으로 은혜를 받은 그리스도인이라면 "주님만이 홀로 영광을 받으소서."라고 고백하며 자기 자신을 완전히 내려놓아야 합니다. 첫째도 하나님의 영광, 둘째도 하나님의 영광, 셋째도 하나님의 영광을 위하여 살아야 합니다.

저는 1985년부터 1991년 말까지 미국에서 목회를 했습니다. 미국 이민 목회는 참 힘이 듭니다. 한국에서 목회하는 것보다 열 배 이상 힘든 것 같습니다. 그래서 미국에서 오십 명을 목회하는 것은 한국에서 오백 명을 목회하는 것과 같고, 미국에서 백 명을 목회하는 것은 한국에서 천 명을 목회하는 것과 같다는 말이 있습니다. 왜냐하면 한국에서 신앙생활을 전혀 해 보지 않았던 분들이 미국에 이민 와서 그저 한국 사람들과 교제하고 싶은 마음에 교회에 나오다가 시간이 흘러 제직이 된 경우가 많기 때문입니다. 그러다 보니 직분자임에도 불구하고 신앙의 기본조차 갖추지 못한 경우가 많습니다. 그래서 은혜의 보금자리가 되어야 하는 교회에 오히려 분란과 싸움이 많이 일어나서 목회자와 성도들이 알게 모르게 상처투성이가 되기도 합니다.

또한 한국에서 오는 분들은 한인 교회에 도움을 요청하는 것을 당연하게 생각합니다. 그래서 미국에서는 누가 한국에서 들어온다는 연락을 받으면 교회 차량을 몰고 공항에 나가는 일이 담임 목사가 해야 할 중요한 임무 중 하나입니다. 그리고 최소한 한 달 정도는 그분들이 미국에서 생활할 수 있도록 직장이나 집도 알아봐 주면서 계속 도와주어야 합니다. 이렇게 도움을 받은 분들이 고마운 마음에 교회를 잘 섬겨 주면 좋을 텐

데, 오히려 도움 받은 것을 당연하게 생각하고 조금만 섭섭한 일이 있으면 다른 교회로 가는 경우가 많습니다. 잘 나오던 분이 어느 날부터 보이지 않아서 "그분은 요즘에 왜 안 나오시나요?"라고 물었더니, "이웃 교회에서 텔레비전을 선물로 주어서 그 교회로 갔답니다."라는 말을 듣고 조금 서운했던 적도 있습니다.

제가 미국에서 목회하던 때, 대구의 어느 교회로부터 강사로 초청을 받은 일이 있었습니다. 비행기를 타고 대구공항에 도착하여 공항 대합실에 나가 보니 이삼십 명이나 되는 사람들이 꽃다발을 들고 서 있는 것이 보였습니다. 저는 '내가 탔던 비행기에 높은 사람이 있었나 보네.'라고 생각했습니다. 그런데 그 사람들이 저를 향해 인사를 하더니 저에게 꽃다발을 안겨 주고 제 가방도 들어 주겠다고 하면서 빼앗아 갔습니다. 이런 경험이 없었던 저는 얼떨떨하기만 했습니다. 공항 밖으로 나와 보니 당시 한국에서 제일 좋은 차 한 대가 서 있었습니다. 떠밀리다시피 해서 차에 타자 운전하시는 분이 저에게 "저는 목사님이 설교하실 교회의 장로입니다. 제가 오늘 목사님을 모시려고 특별히 이 차를 가지고 나왔습니다. 지금 저희 목사님께서 식당에서 기다리고 계십니다."라고 말씀하였습니다. 식당에 도착하자 남녀선교회에서 봉사하는 분들이 식당 밖에 줄을 맞추어 서 계셨습니다. 저는 쭈뼛거리며 어색하게 들어갔습니다. 안에는 담임 목사님이 가운데 서 계시고 양 옆에 장로님들이 서서 기다리고 계셨습니다. 목사님은 "저희가 목사님이 오시길 기다리고 있었습니다. 제 옆에 앉으십시오."라고 말씀하시면서 저를 따뜻하게 맞이해 주셨습니다. 저는 이름 있는 목회자도 아니고 그저 미국에서 조그마한 교회를 담임하고 있는 목사일 뿐인데 제가 설교하기로 약속된 교회에서 저를 이렇게까지 환영해 주셨던 것입니다.

그렇게 난생 처음 분에 넘치는 대접을 받고 있던 와중에 문득 이런 생각이 들었습니다. '내가 어떻게 이런 대접을 받을 수 있는가? 예수님께서 이 땅에 오셨을 때 이런 대접을 받으셨는가? 예수님의 일생은 대접받는 삶이 아니라 모함을 받고 욕을 먹고 비난받는 삶이었는데…. 당시 지도자들은 예수님을 의심의 눈초리로 바라보았고 사람들은 무언가 얻는 것이 있을까 해서 예수님을 따랐는데…. 마지막에는 제자들마저 예수님을 떠나 도망쳐 버렸는데….' 저는 주님께 너무나 죄송했습니다. 예수님께서 누가복음 9장 58절에서 "여우도 굴이 있고 공중의 새도 집이 있으되 인자는 머리 둘 곳이 없도다"라고 말씀하신 것도 기억났습니다. 저는 주님께 기도했습니다.

"예수님, 죄송합니다. 예수님 때문에 제가 이렇게 과분한 대접을 받습니다. 저의 일생이 다 가도록 절대로 대접받는 것을 당연하게 여기지 않게 하옵소서. 늘 주님 앞에서 죄송한 마음을 갖게 하옵소서."

벌써 이십여 년 전의 일이지만 저는 아직도 그때의 일을 잊지 못합니다. 그래서 그날 이후 지금까지 가능하면 대접받는 자리에는 가지 않으려고 노력합니다. 부득이하게 분에 넘치는 대접을 받을 때면 항상 "주님, 제가 주님 때문에 받는 대접을 당연히 여기거나 익숙하게 여기지 않게 하옵소서. 이 모든 것은 주님께서 받으셔야 하는 영광임을 잊지 말게 하옵소서."라고 기도하고 있습니다.

우리는 모두 예수님을 믿고 따른다고, 주님의 영광을 위하여 산다고 말하면서도 세상적인 화려함에 매력을 느끼고 휩쓸려 다니기 쉬운 연약한 존재입니다. 칭찬받고 대접받는 일에 익숙해지면 삶의 방향을 잃어버리고 주님이 아니라 자기 자신의 영광을 위하여 살아가기 쉽습니다. 그러므로 우리는 발걸음을 멈추고 '내가 지금 어디로 가고 있는가? 나는 나의 영광을 위하여 이 길을 가고 있는가, 아니면 하나님의 영광을 위하여 가고 있는가?' 하며 자신의 삶을 되돌아보아야 합니다. 온전히 주님께 영광 돌리는 일, 주님이 기뻐하시는 일에 죽도록 충성하는 삶을 살아야 합니다.

1970년대 말에는 예수전도단 찬양 모임이 명동에 있는 YWCA 강당에서 매주 화요일에 열렸습니다. 그때 많이 불렀던 복음성가 중에 이런 찬양이 있습니다.

"모든 영광 하나님께, 모든 영광 하나님께, 모든 영광 하나님께, 나는 자유해".

그렇습니다. 모든 영광은 하나님께만 올려 드려야 합니다. 과거는 중요하지 않습니다. 지금까지는 나 자신만을 위해 살았을지라도 이제부터는 무엇을 하든지 하나님의 영광을 위하여 살아야 합니다. 직장에서도 주님을 섬기는 신앙의 자세로 성실히 업무에 임해야 하고, 사업을 해도 '성실하고 정직하게 돈을 벌어서 하나님의 영광을 위해 멋있게 쓰고 싶다.' 는 꿈을 가지고 경영해야 합니다. 학교에서 공부를 해도 '내가 주님께 영광을 돌리기 위해 지금 여기에서 공부하고 있다.' 라는 생각으로 최선을 다해야 합니다. 내가 가진 재능이 무엇이든 그것을 통하여 하나님께 영광을 돌려야 합니다.

오늘날 기독교가 세상 사람들로부터 손가락질당하는 이유

는 많은 그리스도인들이 교회에서는 거룩한 것 같은데 세상에서는 믿지 않는 사람들과 다를 것이 없는 삶을 살고 있기 때문입니다. 이래서는 안 됩니다. 교회에서는 크리스천인데 밖에 나가서는 크리스천이 아닌 것처럼 살아서는 안 됩니다. 교회에서나 교회 밖에서나 우리의 모습이 변함없이 아름다워서 그 모습을 통하여 사람들에게 선한 영향력을 끼쳐야 합니다. 언제 어디서 무엇을 하든지 하나님의 영광을 위하여 최선을 다하는 모습이 우리 삶의 태도가 되어야 할 것입니다.

### 영적 성장의 길 - 헌신

우리가 영적인 사람으로 살기 위해서는 세상의 물질과 명예, 탐심의 끈을 놓고 오직 하나님께 헌신해야 한다.
1. 헌신이란 우리의 삶 전체를 하나님의 영광을 위하여 드리는 것을 의미한다.
2. 우리는 하나님의 영광을 위하여 창조된 존재이므로 우리 인생의 목적은 오직 하나님께 영광을 돌려드리는 데 있다.

# 제9일
# 헌신의 삶 (1)

하나님의 사랑이 우리에게 이렇게 나타난 바 되었으니 하나님이 자기의 독생자를 세상에 보내심은 그로 말미암아 우리를 살리려 하심이라 사랑은 여기 있으니 우리가 하나님을 사랑한 것이 아니요 하나님이 우리를 사랑하사 우리 죄를 속하기 위하여 화목 제물로 그 아들을 보내셨음이라 _요일 4:9-10

하나님이여 사슴이 시냇물을 찾기에 갈급함같이 내 영혼이 주를 찾기에 갈급하니이다 _시 42:1

*Spiritual Growth*

SPIRITUAL GROWTH

　　　　**우리가 영적으로** 성장하기 위해서는 헌신의 삶을 살아야 합니다. 내가 나의 삶의 주인이 되어 살아가는 것이 아니라 내 삶의 모든 것을 내려놓고 주님께 맡겨야 합니다. 그럴 때 주님께서 우리의 일생을 책임져 주십니다. 그러나 이러한 헌신의 삶은 우리 자신의 힘만으로는 불가능합니다. 우리는 하나님 앞에서 "주님께 저의 모든 것을 맡깁니다."라고 분명히 고백했음에도 불구하고 뒤돌아서면 어느새인가 주님께 맡기지 못하고 나의 힘과 능력으로 살아 보려고 애쓰고 있는 자신의 모습을 발견하게 됩니다. 그렇다면 우리가 어떻게 해야 헌신의 삶을 살 수 있을까요?

## 1. 하나님의 사랑 가운데 거하는 삶

우리가 진정으로 헌신된 삶을 살기 위해서는 언제나 하나님의 사랑 가운데 거하여야 합니다. 요한일서 4장 9절부터 10절은 다음과 같이 말씀합니다.

"하나님의 사랑이 우리에게 이렇게 나타난 바 되었으니 하나님이 자기의 독생자를 세상에 보내심은 그로 말미암아 우리를 살리려 하심이라 사랑은 여기 있으니 우리가 하나님을 사랑한 것이 아니요 하나님이 우리를 사랑하사 우리 죄를 속하기 위하여 화목 제물로 그 아들을 보내셨음이라"

우리가 먼저 하나님을 사랑한 것이 아닙니다. 우리가 아직 죄 가운데 있을 때, 하나님 앞에서 불의하고 방탕하여 하나님의 마음을 아프게 하며 살고 있을 때, 하나님께서 먼저 우리를 사랑하셨습니다. 우리를 향한 하나님의 사랑은 일방적으로 먼저 사랑하신 무조건적인 사랑입니다. 이에 대해 성경은 "우리가 사랑함은 그가 먼저 우리를 사랑하셨음이라"요일 4:19고 말씀합니다.

예수님의 십자가는 이 같은 하나님의 놀라운 사랑을 가장 분명하게 보여 줍니다. 하나님께서는 독생자 예수 그리스도를 이 땅에 보내시고 예수님께서는 십자가에 못 박혀 죽기까지 우리를 사랑하셨습니다. 예수님의 십자가에서 나타난 사랑, 무조건적이고 희생적인 그 사랑으로 말미암아 온 인류에게 죄 가운데서 구원받는 길이 열렸습니다.

우리는 이 하나님의 사랑 앞에서 '하나님이 이렇게 나를 사랑하시는구나!' 라고 감격하고 감사하며 우리의 삶을 주님께 드리게 됩니다. 우리는 이 엄청난 사랑 앞에서 "저는 주님의 사랑이 없으면 하루도, 한 시간도 제대로 살아갈 수 없습니다. 저에게는 매순간 주님의 사랑이 필요합니다. 주여, 주님께 저의 모든 것을 드립니다. 한량없는 그 사랑으로 언제나 저와 함께 하여 주시고 저의 삶을 인도하여 주옵소서." 라고 고백하게 됩니다. 주님의 사랑 안에 거할 때, 우리는 모든 것을 주님께 맡긴 채 그저 기뻐하고 감사하면서 진정한 헌신의 삶을 살아갈 수 있습니다.

지난 2005년 11월, 여러 언론에 보도된 기사가 있었습니다. 40여 년간 소록도에서 봉사하시던 오스트리아 출신의 두 수녀가 편지 한 장만 남긴 채 홀연히 본국으로 돌아갔다는 내용이었습니다. 기사의 주인공은 마리안느 스퇴거Marianne Stoeger 수녀와 마거릿 피사렉Margreth Pissarek 수녀입니다. 이들은 오스트리아에서 간호사 자격을 취득한 후 대한민국의 소록도에 간호사가 필요하다는 소식을 듣고 각각 1959년과 1962년에 차례로 소록도 병원을 찾았습니다. 그 당시 소록도에는 200여 명의 아이들을 포함하여 약 6,000명의 한센병 환자들이 있었지만 아무도 그들을 돌보려 하지 않았습니다. 두 수녀는 예수님의 사랑으로 돌보아 주었습니다. 장갑을 벗고 맨손으로 환자들의 상처를 만지고 약을 발라 주었습니다. 뿐만 아니라 환자들을 위해 죽도 쑤고 과자도 만들어서 나누어 주었습니다.

많은 세월이 흘러 꽃다운 이십대에 소록도에 왔던 두 수녀는 이제 일흔이 넘은 할머니가 되었습니다. 그들은 자신들이 하는 일이 세상에 알려지는 것을 원하지 않았습니다. 기자가 찾아가서 인터뷰를 요청해도 거절했습니다. 수많은 표창장과 감사패 역시 정중히 거절했습니다. 정부에서 1972년 국민포장, 1996년 국민훈장모란장을 수여할 때에도 그분들이 상을 받으려 하지 않아서 할 수 없이 정부 관계자가 소록도까지 가서 시상을 했다고 합니다. 병원 측에서 회갑 잔치를 마련했을 때에도 기도하러 간다면서 자리를 피했습니다. 그분들은 누가 알아

주기를 기대하는 마음이 아니라 오직 예수 그리스도의 사랑으로 수많은 한센병 환자들을 돌보며 그들의 친구가 되어 주었던 것입니다.

2005년 11월 22일, 정년을 십여 년이나 넘기며 헌신적으로 봉사하던 두 수녀는 40여 년간 동고동락했던 소록도 주민들을 뒤로하고 새벽에 몰래 섬을 빠져나가 고국으로 돌아갔습니다. 그들이 남긴 것은 편지 한 장뿐이었습니다. 그 편지의 내용은 다음과 같습니다.

"이 편지를 보는 당신에게 하늘만큼 감사합니다. 부족한 외국인에게 사랑과 존경을 보내 주셨습니다. 같이 지내면서 우리의 부족으로 마음 아프게 해 드렸던 일에 대해 용서를 빕니다."

두 수녀가 떠난 후에 소록도의 주민들과 환자들은 너무 감사해서 열흘 이상 함께 모여 감사의 기도를 드렸습니다. 외로운 섬 소록도에서 반세기 동안 상처받은 사람들을 간호하고 위로하다가 처음 소록도에 찾아올 때 가지고 왔던 낡은 가방 하나만 들고 조용히 섬을 떠나간 두 수녀의 사랑 실천은 수많은 사람들에게 큰 감동을 안겨 주었습니다.

어떻게 두 수녀는 이와 같은 사랑을 실천할 수 있었을까요? 무엇이 두 수녀로 하여금 모든 사람들이 기피하는 한센병 환자들과 함께 일생을 보내며 그리스도의 사랑을 전할 수 있게 했을까요? 그것은 바로 그들이 하나님의 사랑 안에 거하였기 때문입니다. 예수님의 십자가를 통하여 베풀어 주신 그 사랑이 너무도 감격스럽고 감사하여 그 사랑을 나누지 않고는 견딜 수 없었기 때문입니다.

저는 그분들처럼 우리 모두가 사랑의 실천자들이 되기를 바랍니다. 이는 우리가 하나님의 사랑 안에 거할 때 가능합니다. 우리는 주님이 베풀어 주신 사랑을 기억하고 "주여, 우리가 받은 그 사랑을 나누고 베풀며 살아가게 하옵소서."라고 기도해야 합니다. 에베소서 1장 6절은 "이는 그가 사랑하시는 자 안에서 우리에게 거저 주시는바 그의 은혜의 영광을 찬송하게 하려는 것이라"고 말씀합니다. 하나님의 사랑 안에 거할 때, 우리는 모든 것을 내려놓고 하나님의 그 놀라운 사랑을 베풀고 나누면서 하나님께 영광을 돌리는 삶을 살아갈 수 있습니다.

## 2. 하나님을 간절히 사모하는 삶

우리는 목마른 사슴이 시냇물을 찾는 심정으로 하나님을 간절히 사모하며 살아야 합니다. 시편 42편 1절은 이와 같이 말씀합니다.

"하나님이여 사슴이 시냇물을 찾기에 갈급함같이 내 영혼이 주를 찾기에 갈급하나이다"

'갈급하다' 라는 말은 숨을 헐떡이며 울부짖을 정도로 목말라하는 것을 뜻하고, '시냇물' 은 더위와 가뭄에도 마르지 않는 물줄기를 말합니다. 이스라엘 땅은 물이 귀한데, 특히 건기가 되면 몇 달씩 비가 내리지 않아서 땅이 갈라지고 시냇물이 말라 바닥을 드러냅니다. 시편 기자는 건기에 시냇물을 찾아 메마른 땅을 헤매며 목이 말라 헐떡이는 사슴의 심정으로 간절하게 하나님을 찾고 있는 것입니다.

신앙생활은 억지로 한다고 해서 되는 것이 아닙니다. 시편 기자와 같이 주님을 향한 간절함이 있어야 합니다. 특히 우리는 예배를 드릴 때 하나님을 향한 갈급한 심령을 가지고 주님 앞에 나아가야 합니다. 시편 27편 4절은 "내가 야훼께 바라는 한 가지 일 그것을 구하리니 곧 내가 내 평생에 야훼의 집에 살면서 야훼의 아름다움을 바라보며 그의 성전에서 사모하는 그것이라"고 말씀합니다. 우리는 '오늘 이 예배를 통해 주님이 주시는 은혜를 받고야 말겠다.'라고 간절히 사모하는 마음을 가지고 주님께 나아가야 합니다. 그럴 때 큰 은혜가 임합니다. 사모하는 마음 없이 억지로 끌려가는 마음으로 예배에 참석해서는 안 됩니다. 물론 그런 상황에서도 하나님께서 역사하시면 은혜를 받는 경우가 있습니다. 그러나 은혜를 사모하는 사람에게 더 큰 은혜가 임합니다.

우리 믿는 사람들은 예배에 승부를 걸어야 합니다. 우리는 "제가 주님을 알기도 전에 저를 먼저 사랑하신 주님, 제가 드리는 모든 예배가 은혜가 넘치는 시간이 되기 원합니다. 언제나 간절히 사모하는 마음을 가지고 주님 앞에 예배로 나아가기 원합니다."라고 기도해야 합니다. 그래서 교회에 나와 자리에 앉아 있기만 해도 은혜가 넘치는 그리스도인이 되어야 합니다. 예배드리러 나오는 것이 더없이 즐겁고 기쁜 일이 되어야 합니다. 말씀을 전하는 주의 종은 오늘 전하는 설교가 내 인생의 마지막 설교인 것처럼 최선을 다해 말씀을 전하고, 성도들은 오늘 드리는 예배가 내 인생 최고의 예배가 되기를 기대하는 마음으로 예배에 참여해야 합니다. 그럴 때 그 예배는 주의 종과 성도 모두가 함께 은혜 받는 시간이 될 수 있습니다.

국민일보 2011년 9월 7일자 미션투데이에 북한 출신의 유혜란 목사님에 대한 기사가 실렸습니다. 북한에 있을 때 그녀는 의과대학을 졸업하고 6년 동안 의사로 일했습니다. 북한에서 의사는 여성들이 선호하는 직업으로, 의사가 되면 안정적인 생활을 보장받았습니다. 그러나 친척 중 한 사람이 정치범으로 체포되면서 온 가족이 함께 큰 고난을 겪게 되었습니다. 그러자 어머니는 남한에 있는 고향에 가고 싶다고 눈물지으셨고, 그 모습을 보며 그녀는 탈북을 결심했습니다.

1998년 여름, 마침내 그녀는 탈북을 시도했습니다. 칠흑같이 어두운 밤에 숲 속에 숨어 있는 동안 어머니는 그녀의 두 손을 꼭 잡고 같은 말을 반복했습니다. "예배당에 가야 우리가 산다. 예배당에 가야 우리가 산다." 이 말에 큰 충격을 받았습니다. 어머니가 신앙을 가지고 계시리라고는 상상하지 못했었기 때문입니다.

천신만고 끝에 두만강을 건너 중국 청도의 한 여인숙에 묵었습니다. 그런데 가는 날이 장날이라고 하필이면 그 지역에 한인 살인 사건이 벌어져 공안원들이 여관을 급습하여 투숙객들의 신분증을 검사했습니다. 그야말로 '독 안에 든 쥐' 신세였습니다. 도망갈 곳도 없는 절체절명의 순간, 어머니는 방 한 구석에서 무릎을 꿇고 기도하셨습니다. 북한에서는 성경책이 발견되면 정치범 수용소로 끌려가고 온 가족이 큰 어려움에 처하게 됩니다. 그러한 곳에서 어머니는 어린 시절에 가졌던 신앙을 지켜 오셨던 것입니다. 그 순간 하나님을 모르던 그녀 역시 기도할 수밖에 없었습니다. "도와주세요! 당신이 누구신지 모르지만 저희 어머니가 믿는 당신이 우리를 구해 주세요. 제발!" 그러자 소란스럽던 복도가 갑자기 조용해졌습니다. 무슨 영문인지 공안원들이 급히 밖으로 나가 버렸습니다. 도저히 설명할 수 없는 일이었습니다. 그 후 중국 한인 교회의 도움으로 그녀는 가족과 함께 한국으로 무사히 들어올 수 있었고, 이제는 무료로 운영되는 하나상담센터를 열어 새터민들의 상처와 아픔을 덜어 주고 있습니다. 그녀는 이와 같이 말합니다.

"사선을 넘어 남한에 정착했지만 적응하지 못하고 힘겨워하는 이들이 마음의 짐을 내려놓고 치유받길 바랍니다. 그들의 눈물을 닦아 주고 싶어서 상담센터를 열었습니다."

그녀가 이와 같이 한국 땅에 와서 새터민들을 돕는 사역을 할 수 있게 된 것은 아무것도 보이지 않는 어둠 속에서 "예배당에 가야 산다. 예배당에 가야 산다."라고 되뇌었던 어머니의 신앙이 있었기 때문입니다. 목숨이 경각에 달린 위기의 순간에 간절히 주님을 찾는 기도가 있었기 때문입니다.

많은 사람들이 이 세상을 살면서 세상의 것에 목말라합니다. 돈이나 쾌락, 인기, 명예와 같은 것들을 갈망하며 살아가고 있습니다. 그러나 세상의 것들은 결코 우리를 만족시켜 줄 수 없습니다. 예레미야 2장 13절은 "내 백성이 두 가지 악을 행하였나니 곧 그들이 생수의 근원되는 나를 버린 것과 스스로 웅덩이를 판 것인데 그것은 그 물을 가두지 못할 터진 웅덩이들이니라"고 말씀합니다. 우리가 주님을 떠나 이 세상의 것으로 우리의 갈증을 해결하려고 시도하는 것은 모두 터진 웅덩이를 파는 것같이 결국에는 실패로 끝나고 맙니다. 오직 주님만이 죄와 절망 가운데 죽어 가는 우리에게 유일한 희망이 되시고 유일한 생수의 근원이 되십니다. 예수님께서는 요한복음 4장 14절에서 "내가 주는 물을 마시는 자는 영원히 목마르지 아니하리니 내가 주는 물은 그 속에서 영생하도록 솟아나는 샘물이 되리라"고 말씀하셨습니다. 오직 주님 안에서만 참된 만족과 기쁨이 있습니다.

우리는 생수의 근원 되시는 주님을 바라보아야 합니다. 시편 63편 1절은 "하나님이여 주는 나의 하나님이시라 내가 간절히 주를 찾되 물이 없어 마르고 황폐한 땅에서 내 영혼이 주를 갈망하며 내 육체가 주를 앙모하나이다"라고 말씀합니다. 또한 시편 18편 1절은 "나의 힘이신 야훼여 내가 주를 사랑하나이다"라고 말씀합니다. 우리는 사막같이 황폐한 땅에서 물을 찾는 것 같은 간절한 마음으로 주님을 사모해야 합니다. 우리는 "나의 능력이 되신 주님, 나의 기쁨과 생명이 되신 주님, 나의 모든 것 되신 주님을 내가 사랑합니다. 내가 주님을 갈망합니다."라고 고백해야 합니다. 우리의 영혼이 갈급하여 부르짖을 때, 주님께서는 우리에게 마르지 않는 생수를 넘치게 부어 주십니다.

우리 민족이 일제 강점 하에서 고통받고 있을 때, 하나님께서는 이 땅에 영적인 부흥을 허락하셨습니다. 그때 하나님께 크게 쓰임 받은 목사님이 세 분 계십니다.

한 분은 장로교의 길선주 목사님이십니다. 길선주 목사님은 하나님의 말씀을 매우 사랑하셔서 시간이 날 때마다 성경을 계속해서 읽고 또 읽으셨고 특히 요한계시록은 800번 이상 많이 읽어서 그 내용을 거의 다 외우실 정도였다고 합니다. 길선

주 목사님은 요한계시록을 강해하면서 말세 신앙을 강조하셨고, 이를 통하여 암울한 시대를 살아가는 성도들이 천국 소망을 가지고 살도록 도우셨습니다.

또 한 분은 신유 운동을 펼치셨던 장로교의 김익두 목사님이십니다. 김익두 목사님은 "믿는 자들에게는 이런 표적이 따르리니 곧 그들이 내 이름으로 귀신을 쫓아내며 새 방언을 말하며 뱀을 집어 올리며 무슨 독을 마실지라도 해를 받지 아니하며 병든 사람에게 손을 얹은즉 나으리라"막 16:17-18는 예수님의 말씀이 오늘날에도 그대로 이루어진다고 믿었습니다. 그리고 아픈 사람들을 위하여 간절히 기도하자 놀라운 신유의 역사가 나타나기 시작했습니다. 그 후 김익두 목사님은 전국을 다니며 예수님의 이름으로 수많은 사람들을 고치는 놀라운 기적을 일으키셨습니다.

마지막 한 분은 감리교의 이용도 목사님이십니다. 이용도 목사님은 "미치자. 크게 미치자. 예수를 위해 미치는 것만이 우리의 목적이다."라고 말씀하실 정도로 평생 그리스도의 사랑에 대한 감격이 넘치는 삶을 사셨습니다. 이용도 목사님은 세 분 가운데 가장 짧은 기간 동안 사역하셨지만, 그분의 생애와 사역은 누구 못지않게 큰 영향력을 미쳤습니다. 목사님이 가는 곳마다 수많은 사람들이 따라다녔고, 목사님의 부흥회마다 하나님의 놀라운 은혜가 크게 임하였습니다. 그러나 장로교단에서 그의 사역에 이단성을 있음을 지적 하였고 청년들에게 돌에 맞고 결국 지병이었던 폐병이 악화되어 결국 33세를 일기로 천국에 가셨습니다. 목사님이 평생 동안 그토록 흠모하고 사랑했던 예수님과 같은 나이에 이 세상을 떠나셨던 것입니다.

저는 우리 모두 이용도 목사님처럼 주님을 간절히 사모하며 살아가기를 소원합니다. 주님을 향한 사랑의 열정을 가지고 살아가기를 바랍니다. 보통 젊은이들이 사랑에 빠지면 '사랑의 홍역을 앓는다'고 합니다. 그때는 머릿속이 온통 상대방 생각으로 가득 차 있습니다. 눈을 감아도, 잠자리에 누워도 사랑하는 사람에 대한 생각이 떠나지 않습니다. 한참 전화 통화를 하고 수화기를 내려놓아도 또다시 대화하고 싶습니다. 한마디로 사랑하는 사람에게 미쳐 있는 것입니다.

주님께서는 이러한 연인 간의 사랑과는 비교할 수 없는 엄청난 사랑을 우리에게 베풀어 주셨습니다. 우리가 이 땅에서 주님을 위하여 아무리 헌신한다고 한들 어찌 그 사랑을 다 갚을 수 있겠습니까? 우리는 주님을 향한 사랑의 열정이 언제나 내 마음속에 차고 넘치도록 기도해야 합니다. 내가 알기도 전에 나를 먼저 사랑하신 주님을 온몸과 마음을 다하여 열정적으로 사랑하고 주님을 위해 살기를 간절히 소원합니다.

### 헌신의 삶 (1)

우리가 영적으로 성장하기 위해서는 헌신의 삶을 살아야 한다. 이 헌신은 우리의 힘이 아닌 하나님의 능력으로 가능하다.

1. 헌신의 삶을 살기 위해서는 언제나 하나님의 사랑 가운데 거하여야 한다.
2. 헌신의 삶은 하나님을 향한 간절한 목마름으로부터 시작된다. 시냇물을 찾는 사슴같이, 사랑하는 사람을 그리워하는 연인같이, 하나님을 향한 갈급함과 사랑이 있어야 헌신의 삶을 살 수 있다.

제 **10**일

# 헌신의 삶 (2)

내가 전심으로 주를 찾았사오니 주의 계명에서 떠나지 말게 하소서 _시 119:10

*Spiritual Growth*

SPIRITUAL GROWTH

우리가 헌신의 삶을 살기 위해서는 삶의 구체적인 모습들이 변화될 필요가 있습니다. 시편 119편 10절은 "내가 전심으로 주를 찾았사오니 주의 계명에서 떠나지 말게 하소서"라고 말씀합니다. 우리가 진정으로 헌신된 삶을 살기 위해서는 우리의 기도와 말씀 묵상이 달라져야 합니다.

## 1. 헌신의 삶을 위한 기도

헌신의 삶을 살기 위해서는 영적 성장을 위한 기도를 드려야 합니다. 사도 바울은 "그의 영광의 풍성함을 따라 그의 성령으로 말미암아 너희 속사람을 능력으로 강건하게 하시오며 믿음으로 말미암아 그리스도께서 너희 마음에 계시게 하시옵고 너희가 사랑 가운데서 뿌리가 박히고 터가 굳어져서 능히 모든 성도와 함께 지식에 넘치는 그리스도의 사랑을 알고 그 너비와 길이와 높이와 깊이가 어떠함을 깨달아 하나님의 모든 충만하신 것으로 너희에게 충만하게 하시기를 구하노라"엡 3:16-19고 성도들의 영적 성장을 위해 간구했습니다. 우리 역시 하나님 앞에서 "주님, 그리스도의 장성함에 이르기까지 저를 성장시켜 주옵소서. 오직 예수님만이 제 삶의 주인이 되어 주옵소서."라고 기도해야 합니다. 그래서 그리스도의 장성한 분량에 이르기까지 끊임없이 변화되고 성숙해지는 크리스천이 되어야 합니다.

하나님께서는 준비 안된 수많은 사람이 아니라 변화된 한 사람이 필요합니다. 무슨 일을 하는지도 모르면서 바쁘게만 살아가는 사람이 아니라, 하나님의 영광을 위하여 하나님께서 맡겨주신 사명을 감당하는 사람이 필요합니다. 우리는 떠밀려 가는 수많은 사람 중에 한 사람이 되지 말고 하나님께서 보시기에 참으로 귀한 사람, 아름답게 쓰임 받는 사람이 되어야 합니다. 이를 위해서는 진정한 헌신이 필요합니다. 하나님의 영광을 위하여 하나님께 나의 모든 것을 드려야 합니다.

우리는 항상 주님께로부터 받는 일에 관심이 많고 익숙해져 있습니다. 그러나 주님께 드리는 일에는 굉장히 인색합니다. 목사님이 설교할 때 "복을 받으시기 바랍니다."라고 하면 큰 소리로 "아멘!"을 외치지만, "우리가 가진 모든 것을 하나님께 드리시기 바랍니다."라고 하면 조용한 것이 우리의 일반적인 모습입니다. 주님께서 축복해 주셔서 수입이 늘어나 십일조를 많이 드리게 되었음에도 불구하고 늘어난 십일조를 하나님께 드리는 것을 아까워합니다. "주님이 원하신다면 모든 것을 다 드려도 저에게는 부족함이 없습니다."라고 고백하지만, 우리의 실제 모습은 그렇지 못할 때가 많습니다.

기도도 마찬가지입니다. 많은 성도들이 기도는 하나님께 구하는 것이라고만 생각합니다. 그러나 이제는 달라져야 합니다. 나에게만 초점을 맞추고 기도하는 것이 아니라 하나님께 초점을 두고 하나님의 영광을 위하여 기도해야 합니다. 우리의 기도가 "주시옵소서!"에서 "제가 주님을 위해서 무엇을 해야 할까요? 하나님의 영광을 위하여 살기 원하오니 저에게 말씀하여 주옵소서."로 바뀌어야 합니다.

시편 86편 11절은 "야훼여 주의 도를 내게 가르치소서 내가 주의 진리에 행하오리니 일심으로 주의 이름을 경외하게 하소서"라고 말씀합니다. 우리는 "주님의 말씀을, 주님의 뜻을 깨달아 알게 하시고, 그 진리 가운데 행하게 하옵소서. 그리하여 일생 동안 주님을 찬양하고 경배하며 살게 하여 주옵소서."라고 기도해야 합니다.

저에게 기도를 받으러 왔던 한 자매의 이야기입니다. 그녀는 일본 선교사인 어머니를 따라 일본에 가서 중고등학생 시절을 보내고 귀국하여 한국에서 좋은 직장에 다니며 여유 있는 생활을 하고 있었습니다. 그런데 어느 날부터인가 기도만 하면 주님께서 마음속에 "너를 위해 살지 말고, 하나님의 영광을 위해 살아라." 하고 말씀하셨습니다. 그녀는 좋은 직장에 다니면서 좋은 배우자를 만나 화목한 가정을 이루고 사는 것이 행복이라고 생각했습니다. 그런데 기도하면 할수록 "너의 삶을 나에게 다 맡겨라. 너의 계획, 너의 꿈, 너의 목표를 내려놓고, 나를 위한 계획, 나를 위한 꿈, 나를 위한 목표를 가지고 살아라." 하고 말씀하시는 하나님의 음성이 더욱 분명해졌습니다.

그녀의 어머니는 일본에서 너무나 고생을 많이 하셨습니다. 일본에서는 "성도가 1년에 한 명씩 늘어난다."라는 말이 있을 정도로 목회가 어렵습니다. 성도들이 백 명만 모여도 대형 교회라는 말을 듣습니다. 사실 일본이나 미국과 같은 선진국에서 사역하는 선교사님들도 아프리카나 동남아시아 지역에서 사역하는 선교사님들만큼 도움의 손길이 많이 필요합니다. 개발도상국에서는 한국에서 보내는 선교비가 환율이나 물가의 차이 때문에 굉장히 큰돈인 경우가 많지만, 선진국에는 같은 액수를 보내더라도 그리 많지 않은 돈이 됩니다. 또 한국에서는 '일본이나 미국 같은 선진국에서 사역하는 선교사님들은 도와 드릴 필요가 없다.' 라고 생각하는 경향이 있기 때문에 더욱 어렵습니다. 실제로 해외 선교지를 방문해 보면 선진국에서 사역하는 선교사님들이 개발도상국에서 사역하는 분들보다 어렵게 생활하는 경우가 많습니다.

이 자매는 어려서부터 어머니의 삶을 보아 왔으므로 어머니가 가신 그 길이 고난과 슬픔의 길이요, 연단의 길이라는 사실을 누구보다 잘 알고 있었습니다. 그럼에도 하나님께서 거룩한 소원을 주셨기에 '나는 주의 종의 길을 가야겠다!' 라고 결심하고 주님 앞에서 목회자로 서원을 했습니다. 그녀는 "내가 야훼께 바라는 한 가지 일 그것을 구하리니 곧 내가 내 평생에 야훼의 집에 살면서 야훼의 아름다움을 바라보며 그의 성전에서 사모하는 그것이라"시 27:4고 고백했던 시편 기자처럼, 주님을 너무나도 사랑했기에 평생을 주님을 바라보고 주님과 동행하며 주님의 영광을 위하여 살기를 원했습니다.

믿는 자의 가장 큰 복은 하나님의 영광을 위하여 사는 것입니다. 돈이나 명예, 출세와 같이 눈에 보이는 것들은 모두 하나님의 영광을 위하여 섬기라고 부수적으로 주신 것들입니다. 가정이 복을 받고 자녀들이 잘되는 것도, 사업이 잘되고 직장에서 인정받는 것도 하나님의 영광을 위해서 하나님께서 베풀어 주신 것입니다. 그러므로 우리는 "제가 하나님의 영광을 위하여 살게 하옵소서. 제가 하는 모든 일이 하나님의 영광을 위한 일이 되게 하시고, 제가 만나는 모든 사람들에게 하나님의 영광이 나타나게 하옵소서."라고 기도해야 합니다. 그러면 하나님께서 우리의 모든 것을 다 책임져 주십니다.

## 2. 하나님에 대한 말씀 묵상

### 1) 거룩하신 하나님

"웃시야 왕이 죽던 해에 내가 본즉 주께서 높이 들린 보좌에 앉으셨는데 그의 옷자락은 성전에 가득하였고 스랍들이 모시고 섰는데 각기 여섯 날개가 있어 그 둘로는 자기의 얼굴을 가리었고 그 둘로는 자기의 발을 가리었고 그 둘로는 날며 서로 불러 이르되 거룩하다 거룩하다 거룩하다 만군의 야훼여 그의 영광이 온 땅에 충만하도다 하더라 이같이 화답하는 자의 소리로 말미암아 문지방의 터가 요동하며 성전에 연기가 충만한지라 그때에 내가 말하되 화로다 나여 망하게 되었도다 나는 입술이 부정한 사람이요 나는 입술이 부정한 백성 중에 거주하면서 만군의 야훼이신 왕을 뵈었음이로다 하였더라"사 6:1-5

이사야 선지자는 환상 가운데 하나님의 보좌를 보았습니다. 하나님께서 얼마나 거룩하신지 스랍 천사들도 주님 앞에서는 두 날개로 얼굴을 가리고 두 날개로 발을 가린 채 "거룩하다! 거룩하다! 거룩하다!"라고 외쳤습니다. '거룩'은 '분리'를 뜻합니다. 하나님께서는 죄와 아무런 상관이 없는 분이십니다.

이사야는 평소 자신이 외롭다고 생각했습니다. 하나님의 말씀을 선포하는 자신과 하나님께 죄를 범한 이스라엘 백성은 다르다고 생각했습니다. 그러나 하나님을 본 순간, 이사야는 이와 같이 고백했습니다. "화로다! 내가 망하게 되었도다." 막상 거룩하신 하나님 앞에 서 보니 자신이 얼마나 큰 죄인인가를 절절하게 느꼈던 것입니다.

우리는 말은 그럴듯하게 하고 거룩한 척하지만, 실제로 우리의 심령은 죄로 물들어 있습니다. 하나님을 섬긴다고 하면서도 말과 행동이 일치하지 않습니다. 하나님 앞에서 진실한 모습으로 하나님을 기쁘시게 해 드리는 삶을 살아야 하는데, 정작 자신의 모습을 되돌아보면 부끄러울 따름입니다. 하나님 앞에서 우리는 모두 부정한 사람입니다. 자랑할 것이 없는 죄인일 뿐입니다. 우리가 주님 앞에 나와 예배드릴 수 있고 하나님께 영광 돌리는 삶을 살 수 있는 것은 오직 하나님의 은혜와 예수 그리스도의 십자가 보혈의 공로 때문입니다. 그러므로 우리는 거룩하신 하나님 앞에서 회개로 나아갈 수밖에 없습니다. "하나님, 하나님 보시기에 제가 불의하고 방탕한 삶을 살았습니다. 저를 용서하여 주옵소서."라고 기도하게 되는 것입니다.

최근 공지영 씨의 소설을 원작으로 제작된 '도가니'라는 영화가 사회적으로 큰 이슈가 되고 있습니다. 개봉한 지 1주일 만에 관객 수 100만 명을 돌파했고, 대법원장과 대통령 역시 그 영화를 보았다는 기사가 언론에 보도되었습니다. 저는 아직 그 영화를 보지 못하였지만 원작인 소설을 읽고 난 뒤에 두 가지 사실로 인하여 큰 충격을 받았습니다.

한 가지 충격은 우리 주위에서 몸이 불편하신 분들의 인권이 짓밟히고 있다는 사실이었습니다. 저는 '우리가 그동안 몸이 자유롭지 못한 사람들에게 너무 무관심했구나. 그분들을 배려하지 못했구나.'라는 생각이 들어 하나님 앞에서 회개하였습니다. 그리고 이제부터는 우리 여의도순복음교회가 몸이 불편하신 분들을 잘 섬기는 교회가 되기를 소망하게 되었습니다.

또 한 가지 충격은 몸이 불편한 아이들에게 씻을 수 없는 상처를 준 사람들이 크리스천이라는 사실이었습니다. 저는 책을 읽으면서 '이 사람들이 한 일들이 얼마나 주님의 영광을 가릴까! 이들로 인해 믿지 않는 사람들이 기독교에 대하여 얼마나 부정적인 시각을 갖게 될까!'라는 생각이 들었습니다. 만약 아이들에게 피해를 입힌 그 사람들이 제대로 헌신된 사람들이었다면, 참으로 마음이 변화되고 새롭게 된 사람이었다면 결코 그런 일은 일어나지 않았을 것입니다. 오히려 그들의 거룩한 삶과 아름다운 섬김이 지역 사회를 변화시켰을 것입니다. 그러나 그들은 자신의 신분과 지위를 악용해서 정상적인 아이들보다 더 많은 사랑과 보살핌이 필요한 아이들을 짓밟았습니다.

저는 마음이 너무 아팠습니다. 우리 믿는 사람들이 거룩한 삶을 통해 하나님께 영광을 돌리기는커녕 오히려 하나님의 영광을 가리고 믿지 않는 사람들에게 기독교에 대한 부정적인 인식을 심어 주는 일을 저지르고 있으니 참으로 통탄할 일입니다. 우리는 진정으로 회개해야 합니다. 우리는 거룩한 삶, 곧 죄와 세상, 옛 사람으로부터 분리된 삶을 살아야 합니다. 거룩하신 하나님께서는 우리를 향하여 "내가 거룩하니 너희도 거룩할지어다"레 11:45라고 말씀하십니다. 거룩하신 하나님 앞에서 정결한 삶을 살아가시기를 바랍니다.

2) 모든 것이 합력하여 선을 이루게 하시는 하나님

"외치는 자의 소리여 이르되 너희는 광야에서 야훼의 길을 예비하라 사막에서 우리 하나님의 대로를 평탄하게 하라 골짜기마다 돋우어지며 산마다, 언덕마다 낮아지며 고르지 아니한 곳이 평탄하게 되며 험한 곳이 평지가 될 것이요 야훼의 영광이 나타나고 모든 육체가 그것을 함께 보리라 이는 야훼의 입이 말씀하셨느니라"사 40:3-5

우리가 광야 같은 이 세상에서 주님을 바라보고 하나님께 헌신된 삶을 살아가면 하나님의 영광이 나타납니다. 우리가 하나님을 믿고 의지하고 나아가면 주님께서 우리의 삶에 놀라운 일들을 이루어 주십니다. 나 자신이 무엇을 만들어 보려고 애쓰는 것이 아니라 하나님의 영광을 위하여 최선을 다할 때 하나님께서 기뻐 받으시고 놀라운 은혜를 베풀어 주십니다.

이사야 40장 26절은 "너희는 눈을 높이 들어 누가 이 모든 것을 창조하였나 보라 주께서는 수효대로 만상을 이끌어 내시고 그들의 모든 이름을 부르시나니 그의 권세가 크고 그의 능력이 강하므로 하나도 빠짐이 없느니라"고 말씀합니다. 하나님께서는 이 세상을 창조하시고 주관하시는 분입니다. 이처럼 전능하신 하나님께서 친히 일하시기 때문에 우리의 삶 가운데 시온의 대로가 열리게 됩니다.

교회도 마찬가지입니다. 성경은 "주께서 구원받는 사람을 날마다 더하게 하시니라"행 2:47고 말씀합니다. 우리 교회가 하나님의 영광을 위하여 최선을 다하여 하나님께 인정받으면, 주님께서 교회를 부흥시켜 주십니다. 그러므로 우리는 주님 앞에서 우리 교회가 하나님을 기쁘시게 하는 교회가 되도록 노력해야 합니다. 주님 앞에서 잘못된 부분을 회개하고 바로 서야 합니다. 주님 앞에서 교회가 늘 새로워질 때, 주님께서 구원받는 사람을 날마다 더하게 하시므로 부흥의 역사가 일어나게 됩니다.

모든 것은 주님께서 하십니다. 우리가 할 일은 우리 자신을 주님 보시기에 부끄럽지 않은 모습으로, 아름다운 모습으로,

주님이 인정하시는 모습으로 드리는 것입니다. 그러면 주님께서 새 힘을 주십니다. 이사야 40장 28절부터 31절은 "너는 알지 못하였느냐 듣지 못하였느냐 영원하신 하나님 야훼, 땅 끝까지 창조하신 이는 피곤하지 않으시며 곤비하지 않으시며 명철이 한이 없으시며 피곤한 자에게는 능력을 주시며 무능한 자에게는 힘을 더하시나니 소년이라도 피곤하며 곤비하며 장정이라도 넘어지며 쓰러지되 오직 야훼를 앙망하는 자는 새 힘을 얻으리니 독수리가 날개 치며 올라감 같을 것이요 달음박질하여도 곤비하지 아니하겠고 걸어가도 피곤하지 아니하리로다"라고 말씀합니다. 영원하신 하나님, 우리의 일생이 다 가도록 변함없이 사랑하시는 하나님께서 우리에게 능력을 더하여 주십니다. 이 세상을 창조하신 하나님, 날마다 우리의 삶 가운데 새로운 역사를 창조하시는 하나님께서 우리에게 힘을 더하여 주십니다.

### 3) 우리의 모든 것을 아시는 하나님

"야훼여 주께서 나를 살펴보셨으므로 나를 아시나이다 주께서 내가 앉고 일어섬을 아시고 멀리서도 나의 생각을 밝히 아시오며 나의 모든 길과 내가 눕는 것을 살펴보셨으므로 나의 모든 행위를 익히 아시오니 야훼여 내 혀의 말을 알지 못하시는 것이 하나도 없으시니이다 주께서 나의 앞뒤를 둘러싸시고 내게 안수하셨나이다" 시 139:1-5

하나님께서는 우리의 모든 것을 아십니다. 우리 마음속 가장 깊은 곳의 고통과 괴로움과 슬픔도 아십니다. 하스데반 선교사님이 지은 복음성가 '깨뜨릴 옥합 내게 없으며'의 가사 중에 이런 내용이 있습니다.

"나의 주 나의 하나님이여 주를 경배합니다 주 사랑하는 나의 마음을 주께서 아시나이다".

그렇습니다. 주님께서 우리의 마음을 알고 계십니다. 그러므로 우리는 두려워할 것이 없습니다. 걱정하고 염려할 것, 낙심할 것이 없습니다 이 세상을 살아가면서 때때로 고난과 역경이 다가와도 잠을 이루지 못하고 괴로워할 것이 없습니다. 사람들은 나를 알지 못하고 나의 아픔을 모르지만, 주님은 아십니다. 하나님께서는 내가 앉고 일어서고 눕는 것, 나의 생각과 말과 행동, 나의 가는 길을 모두 알고 계십니다. 그러므로 주님을 바라보고 모든 것을 맡기십시오. 주님께서 지키시고 합력하여 선을 이루시며 가장 좋은 것으로 채워 주실 것입니다.

### 헌신의 삶 (2)

헌신의 삶을 살기 위해서는 삶의 구체적인 모습들이 변화되어야 한다.

1. 기도가 바뀌어야 한다. 나 중심의 기도, 구하는 기도에서 하나님 중심의 기도, 드리는 기도로 변화되어야 한다.
2. 말씀 묵상이 변화되어야 한다. 말씀을 통해 하나님이 어떤 분인가를 알아야 한다. 하나님이 어떤 분인가에 대한 올바른 지식은 우리의 삶을 올바른 헌신으로 이끌기 때문이다. 우리가 믿는 하나님은 거룩하신 분이시다. 합력하여 선을 이루시며 모든 것을 아시는 하나님이시다. 전적으로 의뢰하고 삶을 의탁할 만한 충분한 이유가 되시는 분이 바로 우리 하나님이시다.

SPIRITUAL GROWTH

# 영적 성장의 길

# 제 11 일
# 헌신의 삶 (3)

내가 전심으로 주를 찾았사오니 주의 계명에서 떠나지 말게 하소서 _시 119:10

*Spiritual Growth*

SPIRITUAL GROWTH

　　　　시편 119편 10절은 "내가 전심으로 주를 찾았사오니 주의 계명에서 떠나지 말게 하소서"라고 말씀합니다. 우리가 헌신의 삶을 살기 위해서는 주님을 찾는 '경건의 시간'을 통해 주님과 일대일로 교제하며 '주의 계명', 즉 하나님의 뜻에 순종하며 살아야 합니다.


## 1. 경건의 시간

　　우리가 헌신된 삶을 살기 위해서는 '경건의 시간'을 가져야 합니다. '경건의 시간'이란 주님과 내가 일대일로 만나 교제하는 시간을 말합니다. 젊은 사람들은 경건의 시간을 가리켜 'QT'라고 표현하는데, 이것은 '조용한 시간'을 뜻하는

'Quiet Time'의 약자입니다. 그런데 'QT'라는 말은 '경건의 시간'이 가지고 있는 뜻을 다 표현하지 못하기 때문에 저는 개인적으로 '경건의 시간'이라는 말을 더 좋아합니다. 어느 표현을 사용하든, 중요한 것은 우리가 주님과 일대일로 만나는 시간을 가져야 한다는 사실입니다.

우리는 너무 바빠서 주님과 만나는 시간이 절대적으로 부족합니다. 가정에서 살림하는 주부들도 하루 종일 바쁘게 지냅니다. 아침에 일어나자마자 식사를 준비하고 남편의 출근을 돕습니다. 아이들을 깨워서 학교에 보낸 후 설거지, 청소, 빨래와 같은 집안일을 하다 보면 금방 한나절이 지나갑니다. 다시 저녁 식사 준비를 해서 먹고 치우는 일을 하다 보면 어느새 잠자리에 들 시간입니다. 하루가 어떻게 갔는지 알 수가 없습니다. 맞벌이하는 부부의 경우에는 더합니다. 아이들과 남편을 챙기는 일만으로도 분주한데, 자신도 출근해서 직장 생활을 해야 하기 때문입니다. 그래서 교회에서 중고등부와 대학청년부 시절을 보낼 때에는 열심히 주님을 섬기다가도 결혼해서 아이가 하나둘 생긴 뒤에 주님과 멀어지는 경우가 많습니다. 너무 삶이 바쁘고 피곤하기 때문입니다.

제가 예배를 인도하다 보면 성전 한쪽에 있는 유아실에서 아이들과 함께 예배드리는 어머니들이 보입니다. 아이들이 얼마나 건강한지 예배 시간에도 가만히 있지 못하고 여기저기로 뛰어다닙니다. 그런 아이들과 함께 예배를 드리고 은혜를 받는다는 것은 쉬운 일이 아닙니다. 그러다 보니 교회에 와서 예배를 통하여 은혜를 받고 기쁨과 감사와 감격 가운데 집으로 돌아가는 것이 아니라, 그저 주일이기 때문에 의무적으로 교회에 왔다가 가는 느낌이 듭니다. 예배를 통해 은혜를 받지 못하기 때문에 어딘지 모르게 마음이 무겁고 편하지 않습니다. 또한 살면서 경험하게 되는 여러 갈등과 이로 인한 스트레스를 해결하지 못합니다. 그래서 아이를 낳고 키우는 어머니들이 말 못할 마음의 눌림과 갈등, 아픔을 지닌 채 살아가다가 우울증을 앓기도 합니다.

이와 같이 삶이 바쁘고 피곤할수록 삶의 우선순위를 점검해 보아야 합니다. '내 삶에서 가장 중요한 것이 무엇인가?' 라고 자신에게 물어야 합니다. 무엇보다도 주님과의 관계가 소중하고 하나님과의 만남이 나에게 필요하다면, 아무리 바쁘고 피곤한 삶을 살고 있다 할지라도 하나님과 만나는 시간을 확보해야 합니다.

하나님과 일대일로 만나기에 가장 좋은 시간은 새벽 시간입니다. 평소보다 한 시간 이상 일찍 일어나서 주님과 교제하면 좋습니다. "주님, 요즘 제가 너무나 분주한 삶을 살고 있습니다. 이제는 조금씩 지쳐 갑니다. 마음에 기쁨이 없습니다. 주님께서 제 마음을 위로하여 주시고 제 마음에 평안함을 주옵소서. 그래서 오늘 하루 주님 안에서 기쁘고 행복한 삶을 살아가게 하옵소서."라고 기도하며 하루를 시작하시기 바랍니다.

새벽 시간이 힘들다면 저녁 시간도 좋습니다. 잠들기 전에 항상 성경을 읽고 기도하는 습관을 들이면 됩니다. "주님, 오늘 하루도 주님께서 저와 함께하셨으니 감사합니다. 바쁘고 피곤한 삶이지만, 언제나 주님만 바라보고 주님과 동행하는 삶이 되기 원합니다. 내일도 주님 안에서 그저 기뻐하고 감사하면서 살아가는 하루가 되게 하옵소서."라고 기도하면서 하루를 마치시기 바랍니다. 어느 경우이든 우리에게는 주님과 일대일로 만나는 시간이 반드시 필요합니다.

우리가 어느 정도 신앙이 성숙한 뒤에는 영적 고독 속에서 하나님을 만나는 시간이 필요합니다. 오직 주님과 나밖에 없는 깊은 경지에 들어가게 되면 하나님의 큰 은혜를 체험할 수 있습니다. 모세가 바로 이러한 체험을 했습니다. 하나님께서는 모세가 하나님 앞에서 영적 고독을 경험하도록 40년 동안 광야에 두셨습니다.

　모세는 120세까지 살았는데, 그의 인생은 40년씩 세 단계로 구분할 수 있습니다. 첫 번째 40년 동안 모세는 당시 최고의 강대국인 애굽에서 공주의 아들로서 살았습니다. 모세는 처음부터 바로의 궁전에서 산 것은 아닙니다. 모세가 태어난 지 3개월이 되었을 때 그의 친부모가 더 이상 숨기고 키울 수가 없어서 갈대 상자에 눕혀 나일 강가 갈대 사이에 두었는데 마침 그곳에 목욕 하러왔던 바로의 공주에게 발견되어 생명을 건졌습니다. 그런데 그때 숨어서 이를 지켜보고 있던 누이 미리암이 친어머니 요게벳을 유모로 소개함으로써, 모세는 친어머니의 품에서 젖을 뗄 때까지 영적, 정신적, 육체적으로 건강하게 자랄 수 있었습니다출 2:1-10.

　모세기 친어머니의 품에서 자라면서 귀에 못이 박히도록 들은 말이 있습니다. "너는 하나님께서 택하신 히브리 사람이다."라는 말이었습니다. 모세가 장성한 뒤에도 이 말은 그의 머릿속에서 떠나지 않았습니다. 어린 시절에 무슨 뜻인지도 모르고 들었던 말이지만, "너는 하나님을 모르는 애굽 사람과 같지 않다. 너는 하나님께서 택하신 사람이다."라는 말을 잊을 수 없었습니다. 그래서 모세는 애굽 공주의 아들로서 바로의 궁전에서 살면서도 '나는 애굽에서 종살이하는 동족들을 구원할 것이다.' 라는 생각을 가지고 있었습니다.

그가 40세가 되었을 때, 하루는 공사장을 지나다가 공사를 감독하던 애굽 사람이 히브리 사람을 짓밟고 때리는 광경을 목격했습니다. 모세는 이 광경을 지켜보다가 분노가 치밀어 올라 그 애굽 사람을 쳐 죽여 땅에 묻었습니다. 다음 날 모세가 나가 보니 이번에는 히브리 사람끼리 싸우고 있었습니다. 모세가 잘못한 사람을 꾸짖으며 만류하자, 그 잘못한 사람이 "네가 누군데 우리의 재판장을 자처하느냐? 어제는 애굽 사람을 죽이더니 이제는 나를 죽이려는 것이냐?"라고 따지면서 모세를 살인자로 몰아세웠습니다출 2:14. 모세는 자신이 이스라엘 민족의 구원자가 되려고 생각했지만, 아무도 그를 인정해 주지 않았습니다.

그는 애굽 사람을 죽인 것이 탄로나서 애굽에서 도망하면서 모세의 인생의 두 번째 40년이 시작됩니다. 그는 애굽을 떠나 홍해를 건너 미디안 광야로 도주했습니다. 그리고 미디안 제사장의 딸들을 돕다가 그 집의 사위가 되었고 두 아들도 얻었습니다. 그러나 그는 더 이상 애굽의 왕자가 아니었습니다. 광야에서 양 떼를 치는 초라한 양치기일 뿐이었습니다. 아무리 둘러보아도 눈에 들어오는 것이라곤 황량한 광야와 그저 자기 뒤만 졸졸 따라다니는 양들뿐이었습니다. 그는 고독한 양치기 생활을 하면서 인내와 겸손과 온유를 배웠습니다.

모세의 광야 생활은 40년 동안이나 지속되었습니다. 그동안 그가 대화할 수 있는 상대는 하나님밖에 없었습니다. 하나님께서는 모세가 깨어지고 또 깨어질 때까지 기다리셨습니다. 모세가 80세가 되어 "저는 아무것도 아닙니다. 저에게는 아무 능력도 없습니다."라고 고백할 만큼 되었을 때, 하나님께서는 비로소 시내산 광야 가시나무 떨기 불꽃 가운데 나타나셔서 그를 부르셨습니다.

하나님께서 부르심으로 모세의 인생은 세 번째 단계가 시작되었습니다. 80세에 하나님의 부르심을 받은 모세는 120세까지 40년간 이스라엘 백성을 애굽에서 구원하는 일에 크게 쓰임 받는 하나님의 사람으로 살았습니다.

우리에게도 모세처럼 영적 고독 속에서 주님과 일대일로 만나는 시간이 필요합니다. 주님과의 깊은 인격적 교제가 필요합니다. 우리가 삶의 문제에서 헤어나지 못하고 영적으로 성장하지 못하는 이유는 우리가 주님과의 만남에 집중하지 못하기 때문입니다. 너무 분주하게 살면서 사람들의 음성만 듣고 정작 주님의 음성을 듣는 시간은 갖지 못하기 때문입니다.

　주님과의 만남이 없는 삶은 이리저리 요동칠 수밖에 없습니다. 계속해서 낙심하고 실망하며 상처받을 수밖에 없습니다. 영적으로 위축되어 마음에 기쁨도 평안함도 없습니다. 우리는 이러한 삶의 패턴을 바꾸어야 합니다. 너무 바쁘고 분주한 일상에 매여 세상이 이끌어가는 대로 끌려가는 삶에서 벗어나야 합니다. 아무에게도 방해받지 않는 시간에 주님 앞에서 홀로 엎드려 기도하며 "주님, 제가 어떻게 살아야 할까요? 오늘 하루는 제가 주님을 위하여 무엇을 해야 할까요? 어떻게 하면 제가 주님을 기쁘시게 해 드리는 하나님의 사람이 될 수 있을까요?"라고 주님께 여쭈어 보아야 합니다. 그리고 기도하고 말씀 묵상하는 가운데 주님의 음성에 귀를 기울여야 합니다.

　하나님의 음성을 듣는 사람은 결코 요동하지 않습니다. 누가 뭐라고 해도 하나님께서 나에게 주신 말씀을 붙들고 살아갑니다. "내가 너를 사랑한다. 내가 너를 떠나지 아니할 것이며 항상 너와 함께하리라. 너의 일생 동안 내가 너를 도우리라."고 말씀하시는 주님의 음성을 믿고 살아갑니다.

　그러나 많은 그리스도인들이 주님과의 깊은 교제 없이 살아갑니다. 물질의 십일조를 드리면서도 시간의 십일조는 드리지 못합니다. 우리는 하나님께 시간의 십일조도 드려야 합니다. 하루 24시간 중에서 잠을 자는 여덟 시간을 제하면 열여섯 시간이 남습니다. 그중 십일조를 계산하면 약 한 시간 반이 됩니다. 매일매일 주님과 한 시간 반의 시간을 갖는다고 생각해 보십시오. 삶이 풍성해지지 않겠습니까?

우리 믿는 사람들은 삶의 방식을 바꾸어야 합니다. 하루의 시간표를 적어 놓고 '내가 어디에서 시간을 낭비하고 있는가?'라고 자신에게 물어보시기 바랍니다. 그래서 낭비하는 시간을 줄이고 하나님과 개인적으로 교제하는 시간을 반드시 가지시기 바랍니다. 텔레비전은 뉴스 외에는 가급적 보지 않으려고 노력한다든지, 인터넷이나 신문을 보는 시간을 줄이는 등의 방법으로 주님과 만나는 시간을 확보해야 합니다.

매일 매일 주님과 교제하며 살아가면 우리의 삶이 달라집니다. 하나님의 은혜가 임하고 나 자신이 변화를 받아 새롭게 됩니다. 주님 앞에 홀로 서서 주님의 음성에 귀를 기울이는 성숙한 그리스도인으로서의 삶을 살아가게 됩니다.

## 2. 하나님의 뜻에 순종하는 삶

예수 그리스도를 믿음으로 구원의 감격을 경험한 사람은 하나님께 순종하는 삶을 살게 됩니다. 하나님의 구원의 은혜를 체험한 사람은 "사랑의 주님, 주님의 은혜에 감사드립니다. 이제부터 주님의 뜻대로 살겠습니다."라고 고백하고 하나님의 뜻을 따라 살아가게 됩니다. 우리가 행위로 구원받는 것은 아닙니다. 오직 믿음으로 구원받습니다. 그러나 진정한 믿음은 행위로 이어지게 됩니다.

행위는 우리가 믿고 난 뒤에 반드시 따라와야 합니다. 이는 기관차와 객차의 관계와 같습니다. 기관차는 뒤에 객차가 달려 있지 않아도 달려갑니다. 이와 마찬가지로 구원은 기관차에 해당하는 믿음 하나면 충분합니다. 누구든지 예수 그리스도를 믿기만 하면 하나님의 은혜로 구원받아 천국에 갑니다. 하지만 기관차가 뒤에 객차를 연결하여 많은 사람을 태우고 가는 것처럼, 우리의 믿음은 객차에 해당하는 행위를 통해 하늘나라 갈 때까지 많은 선한 열매를 맺어야 합니다. 그 열매가 하늘나라에서 우리의 상급이 됩니다.

그런데 믿음과 행함에는 순서가 있습니다. 우리는 믿음보다 행함을 앞세우지 않도록 조심해야 합니다. 많은 이단들이 이 두 가지의 순서를 바꿉니다. "행함이 없는 믿음은 죽은 것이니라"는 야고보서 2장 26절 말씀을 인용하면서, 자신들이 정해 놓은 계명을 지키지 않으면 구원을 받을 수 없다고 이야기합니다. 그러나 구원은 행위가 아니라 하나님의 은혜로 받는 것입니다. 성경은 "너희는 그 은혜에 의하여 믿음으로 말미암아 구원을 받았으니 이것은 너희에게서 난 것이 아니요 하나님의 선물이라 행위에서 난 것이 아니니 이는 누구든지 자랑하지 못하게 함이라"엡 2:8-9고 말씀합니다. 믿음의 결과로 행함이 따라와야지, 믿음 없이 행함으로 가면 반드시 문제가 생깁니다.

어떤 사람들은 "안식일을 반드시 지켜야 한다."라고 가르칩니다. 그러면서 "당신이 안식일을 거룩하게 지키지 않고 있다면 당신은 제대로 구원받은 사람이 아니다. 구약 성경의 안식일은 주일이 아니라 토요일이다. 그러므로 주일이 아니라 토요일을 지켜야 구원을 받는다."라고 말합니다. 그러나 골로새서 2장 16절은 "그러므로 먹고 마시는 것과 절기나 초하루나 안식일을 이유로 누구든지 너희를 비판하지 못하게 하라"고 말씀하고 있습니다. 안식일과 같은 절기를 지켜야 구원받는 것이 절대로 아닙니다.

또 어떤 사람들은 구원받은 날짜를 정확히 알아야 한다고 주장하면서 이런 질문을 합니다.

"당신은 언제 구원받았습니까?"

대부분의 믿는 사람들은 구원받은 날짜를 정확히 기억하지 못하기 때문에 대략 '언제쯤' 구원받았다고 대답합니다. 그러면 이 사람들이 다시 묻습니다.

"정확한 날짜와 시간을 기억하지 못합니까?"

그 말에 "기억하지 못합니다."라고 대답하면, 그들은 본색을 드러냅니다. "당신, 마음이 불안하고 걱정이 많지요?"라고 하면서 다시 구원을 받아야 한다고 말합니다. '진짜 구원받은 사람은 죄도 짓지 않고 회개할 필요도 없다.'는 그들만의 구원 논리를 들고 나오는 것입니다. 그러나 사도 바울은 디모데전서 1장 15절에서 "죄인 중에 내가 괴수니라"고 말했습니다. 그는 누구보다도 성숙한 그리스도인이었지만 거룩하신 하나님 앞에서 자신이 죄인임을 분명하게 고백했습니다.

그런가 하면 어느 교회에서는 모든 것이 다 귀신 때문이라고 이야기합니다. 심지어 길을 가다가 돌부리에 걸려 넘어져도 그 돌에 귀신이 역사했기 때문이라고 말합니다. 그래서 그 교회에서는 늘 귀신 쫓는 일만 합니다. 한 번 쫓고 나면 끝나는 것이 아니라 갈 때마다 쫓아냅니다. 교회를 다닌 지 5년이 지나고 10년이 지나도 귀신만 쫓아내고 있습니다. 그러나 우리가 성령 충만하여서 말씀의 권위를 가지고 "나사렛 예수 이름으로 명하노니, 흑암의 권세는 떠나가라! 더러운 귀신은 물러갈지어다!"라고 명령하면 귀신은 쫓겨나게 됩니다. 어둠의 영들로부터 해방되어 자유롭게 됩니다.

어느 경우이든 이처럼 잘못된 가르침에 빠진 사람들은 늘 행위를 가지고 우리의 잘못을 지적합니다. 잊지 마십시오. 우리가 믿는 복음은 사람을 자유롭게 하는 것이지, 결코 얽매는 것이 아닙니다. 예수님께서는 "주의 성령이 내게 임하셨으니 이는 가난한 자에게 복음을 전하게 하시려고 내게 기름을 부으시고 나를 보내사 포로 된 자에게 자유를, 눈먼 자에게 다시 보게 함을 전파하며 눌린 자를 자유롭게 하고 주의 은혜의 해를 전파하게 하려 하심이라"눅 4:18-19는 이사야 선지자의 예언을 읽으시고 "이 글이 오늘 너희 귀에 응하였느니라"눅 4:21고 말씀하셨습니다. 율법은 사람을 판단하고 정죄하지만, 예수님께서는 우리를 자유롭게 하려고 이 땅에 오셨습니다.

예수님을 믿음으로 구원받고 난 뒤에 자연스럽게 따라오는 것이 열매, 즉 삶의 변화입니다. 주님의 은혜에 너무 감사해서 "이제는 제가 주님의 영광을 위해 살기 원합니다."라고 고백하며 변화된 삶을 살기로 결단하기 때문입니다.

사도 바울이 바로 이러한 삶을 살았습니다. 그는 본래 예수님을 믿는 사람들을 잡아 죽이는 일에 앞장섰지만 예수님을 만난 뒤에는 완전히 다른 삶을 살았습니다. 그의 남은 일생을 완전히 주님께 바쳤습니다. 바울은 "내가 그리스도와 그 부활의 권능과 그 고난에 참여함을 알고자 하여 그의 죽으심을 본받아 어떻게 해서든지 죽은 자 가운데서 부활에 이르려 하노니 내가 이미 얻었다 함도 아니요 온전히 이루었다 함도 아니라 오직 내가 그리스도 예수께 잡힌 바 된 그것을 잡으려고 달려가노라 형제들아 나는 아직 내가 잡은 줄로 여기지 아니하고 오직 한 일 즉 뒤에 있는 것은 잊어버리고 앞에 있는 것을 잡으려고 푯대를 향하여 그리스도 예수 안에서 하나님이 위에서 부르신 부름의 상을 위하여 달려가노라"빌 3:10-14고 고백했습니다. 이 고백처럼 그는 예수님을 만난 뒤 일생 동안 뒤를 돌아보지 않고 주님을 섬기는 삶을 살았습니다. 하나님의 은혜가 너무나도 감사했기 때문입니다.

그러므로 우리는 먼저 하나님의 충만한 은혜를 받아야 합니다. 주님과 홀로 만나는 시간을 통하여 우리의 삶에 은혜와 축복이 넘쳐 나야 합니다. 우리의 마음에 기쁨과 감사가 넘쳐 나서 "제가 목숨 바쳐 주님을 섬기고 주님을 사랑하기 원합니다. 저의 삶 전체를 주님께 드리기 원합니다."라고 고백해야 합니다. 절대 이 순서가 바뀌면 안 됩니다. 우리가 열심히 섬겼기 때문에 은혜를 받는 것이 아닙니다. 은혜 받았기 때문에 열심히 섬기는 것입니다. 상급은 하나님께서 저 하늘나라에서 주실 것입니다. 그러므로 우리는 이 땅에서의 어떤 보상을 기대하는 마음이 아니라 하나님께서 주신 은혜에 감사하는 마음으로 주님을 섬겨야 합니다.

참된 섬김은 주님의 사랑이 너무나 좋고 기뻐서 나타나는 결과입니다. 진정으로 주님을 사랑하는 사람은 섬김이 자연스럽습니다. 마치 사랑하는 사람들끼리 핸드폰으로 문자를 주고받고 밤늦게까지 잠을 자지 않고 전화하면서도 피곤한 줄 모르는 것과 같습니다. 사랑에 빠지면 모든 생각이 사랑하는 사람에게로 향하여 있습니다. 마냥 좋기에 아낌없이 시간과 물질을 투자합니다. 주님을 향한 우리의 마음도 이와 같아야 합니다. 예수님을 전심으로 사랑해서 열심히 예배드리고 전도하며, 목숨 바쳐 주님을 섬겨야 합니다. 이것이 바로 순종입니다. 우리가 순종하는 삶을 살 때, 하나님께서 더 크신 은혜를 부어 주십니다. 우리 모두가 이런 섬김의 삶, 순종의 삶을 살게 되시기를 간절히 소원합니다.

### 헌신의 삶 (3)

헌신의 삶에는 경건의 시간과 순종의 삶이 전제되어야 한다.

1. 경건의 시간이란 주님과 일대일로 만나 교제하는 시간이다. 물질의 십일조를 드리는 것처럼 시간의 십일조를 드려 매일매일 주님과 교제를 하여야 한다.
2. 순종의 삶은 하나님의 은혜를 체험한 사람에게서 나타난다. 먼저 하나님의 은혜 안에 거하는 것이 중요하다. 그 은혜의 감격이 우리를 순종으로, 헌신의 삶으로 이끌어 줄 것이기 때문이다. 순종은 구원의 조건이 아니라 은혜의 결과이다.

SPIRITUAL GROWTH

# 영적 성장의 길

# 제 12 일
# 작은 예수 되기

그러므로 너희는 하나님이 택하사 거룩하고 사랑받는 자처럼 긍휼과 자비와 겸손과 온유와 오래 참음을 옷 입고 _골 3:12

*Spiritual Growth*

SPIRITUAL GROWTH

**생명의 특징은** 성장입니다. 씨앗이 땅에 떨어지면 뿌리를 내리며 성장을 시작하듯, 동물이나 인간도 모태에서부터 성장합니다. 생명이 시작되는 순간부터 성장도 시작되는 것입니다.

그런데 모든 성장 가운데 가장 중요한 것은 영적 성장입니다. 예수님을 믿고 거듭났다면 성장해야 합니다. 영적 성장은 선택 사항이 아니라 필수적인 과정입니다. 그리스도의 장성한 분량에 이르기까지 자라야 합니다.

## 1. 영적 성장이란

예수님을 믿고 거듭난 사람은 반드시 영적으로 성장해야만

합니다. 생명의 속성 중의 하나가 성장입니다. 영적 생명도 예외는 아닙니다. 예수님을 믿고 거듭나서 죽었던 영이 살아났다면 성장해야 마땅합니다. 오늘날 교회에 많은 문제가 생기는 이유는 생명은 있으나 성장하지 않는 사람들 때문입니다.

여의도순복음교회가 서대문에 있던 시절, 『신앙계』(현 플러스인생)의 편집장으로 계시던 분의 이야기입니다.

이분은 주의 종으로 부르심을 받았으나 순종하지 않았습니다. 목사님의 아들로 태어나 아버지가 충청도에서 목회하면서 고생하시는 모습을 보며 자랐기 때문에 어린 시절부터 주의 종에 대하여 부정적인 생각을 했습니다. 아버지가 너무 고생하시는 모습을 보면서 신앙도 비뚤어졌습니다. 동네에서 좋지 않은 친구들과 어울려 다니면서 예배 시간에 교회 유리창에 돌을 던지기도 하고, 몸에 문신도 새겼습니다. 그리고 절대로 목사만은 되지 않겠다고 다짐했습니다. 그러나 하나님께서 부르시면 그 누구도 거역할 수 없습니다.

이분이 『신앙계』 편집장으로서 교회를 섬기던 중에 아들이 태어났는데, 날 때부터 척추에 장애가 있었습니다. 의사는 두세 달밖에 살지 못할 것이라고 말했습니다. 그러나 이분은 아이를 포기할 수 없었습니다. 병원이란 병원은 다 찾아다니고 아이를 살릴 수 있다는 방법은 다 써 보았습니다. 그 덕분인지 석 달을 못 넘긴다던 아이가 6개월이 지나고 1년이 지나도 죽지 않았습니다.

문제는 아이가 그저 누워있기만 하는 것이었습니다. 1년이 넘도록 뒤집지도 못하고 기지도 못하고 그냥 누워만 있었습니다. 누워서 버둥거리고 있는 아이를 지켜보는 부모의 마음이 얼마나 안타까웠겠습니까! 그런데 그 고통의 시간을 통해서 이분의 마음이 완전히 깨어졌습니다. 하나님 앞에 완전히 깨어져서 "하나님 뜻대로 하겠습니다. 주의 종이 되겠습니다." 하고 부르심을 받아들였습니다. 그러자 하나님께서 그 아이를 데려가셨습니다. 그리고 다시 건강한 아들을 주셨습니다. 그 후에 이분은 훌륭한 주의 종이 되어서 사역을 잘하시다가 천국에 가셨습니다.

2년 동안 누워서 버둥거리는 아이를 보는 부모의 심정을 한번 생각해 보십시오. 이 마음이 바로 성장하지 않는 성도를 보시는 하나님의 마음입니다. 오늘날 교회에 예수님을 믿고 몇 년이 지나도록 영적으로 누워만 있는 성도들이 많습니다. 대소변도 가리지 못하고 누워서 버둥거리기만 합니다.

우리는 자신의 영적 상태를 살펴보아야 합니다. 예수님을 믿고 난 후에 얼마나 달라졌는지 점검해야 합니다. '내가 지금 성장하고 있는가? 내가 예수 믿고 달라진 것 없이 마치 태어날 때부터 장애를 가진 아이처럼 주님을 기쁘시게 하지 못하고 있지 않은가?' 하고 자신을 돌아보아야 합니다.

## 2. 예수님처럼 되기까지 성장해야 한다

영적 성장의 목표는 예수님처럼 되는 것, 예수님을 닮아 가는 것입니다. 우리는 평생 예수님을 닮아 가려고 노력하고 또 노력해야 합니다.

한국에 와서 희생하고 헌신하신 선교사님 가운데 예수님을 닮은 분들이 많습니다. 그중에 르우벤 아처 토레이 Reuben Archer Torrey Ⅲ 신부님이 계십니다. 이분은 성공회 소속이라서 신부님이라고 부르지만, 개신교의 목사님과 같습니다.

토레이 신부님은 우리나라에 와서 이름을 아예 '대천덕'으로 바꾸셨습니다. "한국의 시골에 들어가서 평생 그들을 섬기라."는 하나님의 말씀에 순종해서 강원도 정선에 있는 하사미리에 들어갔습니다. 당시 그곳이 얼마나 외진 산골이었던지,

다니는 차편이 없어서 사흘 길을 걸어 들어가야 했습니다. 누가 한번 아프기라도 하면 환자를 업고 하룻길을 걸어 나와야 읍면사무소 소재지에 있는 병원에 갈 수 있었습니다. 그래서 당시에는 양귀비를 길러 통증을 가라앉히고 급한 병들을 치료하기도 했습니다.

저는 1977년에 그곳을 방문한 적이 있는데, 그때에도 버스가 하루에 한 번밖에 다니지 않았습니다. 그곳에 가서 보니, 그곳 사람들은 낮에는 밭을 일구고 소를 키우며 하루에 세 번씩 예배드리고 기도하는 시간을 가졌습니다. 그런데 놀라운 것은 그곳 사람들은 전부 중보 기도를 한다는 것이었습니다. 묵묵히 하나님을 섬기며 세계와 우리나라와 민족과 교회와 성도들을 위한 기도를 차례차례 함께 드리는 모습을 보면서 많은 도전과 감명을 받았습니다.

대천덕 신부님은 그곳에 47년간 계시면서 한국 사람들을 섬기다가 천국에 가셨습니다. 제가 미국에서 사역하면서 신부님을 교회로 초청해서 설교를 부탁드린 적이 있는데, 그때 '성령 충만'이라는 말보다 '성령 충분'이라는 표현이 낫다고 말씀하시던 신부님의 모습이 지금도 눈에 선합니다. 참으로 예수님을 많이 닮으신 분이었습니다.

우리의 영적 성장의 목표도 예수님을 닮는 것입니다. 그렇다면 어떻게 하여야 예수님을 닮아 갈 수 있을까요?

첫째로, 예수님을 닮기 위해서는 하나님께 대한 전적인 헌신이 있어야 합니다.

하나님 앞에 내 삶을 번제처럼 통째로 드려야 합니다롬 12:1-2. 전적인 헌신은 나의 삶에서 일부를 드리는 것이 아닙니다. 모두 드리는 것입니다. "나의 모든 것은 주님의 것입니다. 내 생명까지도 주님의 것입니다. 원하신다면 다 드리기 원합니다." 하는 것이 전적인 헌신입니다.

전적인 헌신을 한 사람은 직장에 가서 일을 할 때에도 하나님의 영광을 위해서 합니다. 사업을 경영해도 예수님을 위해서, 공부를 해도 예수님을 위해서 합니다. 마음의 소원과 계획 모두 하나님의 영광이 목적입니다. 물론 그렇게 사는 것이 쉽지는 않습니다. 그러나 나의 삶 전체가 주님의 것이라는 것을 생각하면 나의 삶 전부를 드리는 것이 마땅합니다.

둘째로, 예수님을 닮기 위해서는 지속적으로 성장해야 합니다.

성경은 하나님의 백성을 나무에 비유하곤 합니다. 나무는 무한대로 성장한다는 것과 열매를 맺는다는 특징이 있습니다. 영적 성장도 마찬가지입니다. 예수님의 충만한 데에 이르기까지 무한대로 성장하고 열매를 맺습니다. 만일 어떤 성도가 예수님을 믿은 지 30년이 지났다면 예수님을 굉장히 많이 닮아 있어야 합니다. 여전히 자신의 옛 성질을 못 이겨서 혈기를 부리고 짜증을 낸다면 문제가 있습니다. 주중에는 자기 마음대로 살다가 주일에 교회 와서 거룩한 척한다면 참으로 심각한 문제입니다. 성숙한 그리스도인은 쉽게 화내지 않습니다. 그러므로 자신을 돌아보아 예수님으로 인한 인격의 열매가 없다면 올바로 성장하고 있는지 의문을 가져야 합니다.

### 3. 성령의 열매가 나타나야 한다

영적으로 성장하는 사람에게는 예수님의 성품인 성령의 열매가 나타납니다. 성품이 변화되지 않으면 영적 성장을 기대할 수 없습니다. 아직도 내 성격, 내 성질을 그대로 지니고 살고 있다면 갓난아이가 누워서 버둥거리는 것과 같습니다. 예수 믿는 사람이 어떻게 함부로 성질내고 소리를 지릅니까? 하나님 앞에서 무엇을 내세울 수 있다고 큰 소리를 내고 다툽니까? 특히 교회 와서 큰 소리를 내는 사람들을 보면 마음이 아픕니다. 영적으로 성장하지 못한 대표적인 모습입니다.

우리는 하나님 앞에서 겸손하고 온유해야 합니다. 갈라디아서 5장 22절부터 23절은 "오직 성령의 열매는 사랑과 희락과 화평과 오래 참음과 자비와 양선과 충성과 온유와 절제니 이 같은 것을 금지할 법이 없느니라"고 말씀합니다. 그러므로 자신의 삶에서 이런 열매가 나타나지 않는다면 부끄러운 구원을 받을 수밖에 없습니다. 예수님을 믿으면 천국에는 갑니다. 그러나 열매가 없으면 부끄러운 구원을 받을 뿐입니다.

열매가 없으면 상급도 없습니다. 봉사를 많이 하고 헌금을 많이 냈을지라도 예수님을 조금도 닮지 않은 사람은 창피를 당하게 됩니다. 예수님께서는 "나더러 주여 주여 하는 자마다 다 천국에 들어갈 것이 아니요 다만 하늘에 계신 내 아버지의 뜻대로 행하는 자라야 들어가리라"마 7:21고 말씀하셨습니다. 아무리 "예수님, 제가 주를 잘 섬겼습니다. 이것저것 많이 했습니다." 하고 자랑을 백만 가지 늘어놓아도 속사람이 달라지지 않았다면 의미가 없습니다.

신앙이란 결국 자신과의 싸움입니다. 성령의 열매를 맺지 못한 사람은 모든 잘못을 다른 사람의 탓으로 돌립니다. 자신은 의롭고 다른 사람은 죄인입니다. 그래서 항상 손가락질을 합니다. "저 사람은 이게 문제이고, 이 사람은 저게 문제야." 하며 다른 사람의 잘못을 운운합니다. 정작 자신에 대해 물어보면 "난 완전하다."라고 주장합니다. 참으로 부끄러운 모습입니다.

하나님 앞에서 다른 사람을 판단하고 정죄하는 것은 잘못된 행동입니다. 이 부당한 의로움, 즉 자기 의가 깨어져야 신앙 생활에도 자유함이 있습니다. 교만이 깨어져야 성장이 이루어집니다. 처음에 열심히 예수님을 섬기던 사람도 마음에 '의로움'이라는 교만이 들어오면 바리새인처럼 변하게 됩니다. "나는 죄 안 짓고 삽니다. 나는 바르게 삽니다. 나는 모든 면에 온전해서 남 보기에 흠잡을 것이 없습니다."라고 주장합니다. 예수님 당시의 바리새인들이 그랬습니다. 그들은 사람들이 많이 모인 곳에 가서 손을 들고 큰 소리로 기도했습니다눅 18:11-12.

"하나님, 나는 저들처럼 죄짓지 않습니다. 나는 십계명을 잘 지킵니다. 십일조도 열심히 합니다. 일주일에 이틀씩 금식합니다. 나는 부끄러운 것이 없는 사람입니다."

이와 같이 바리새인들은 의로움이라는 교만에 빠져서 스스로 의로운 양 목을 꼿꼿이 세우고 다른 사람들을 비난했습니다. 특히 로마인의 심부름꾼이 되어서 동포에게 세금을 걷으며 그 일부를 착복하는 세리에게는 면전에서 "죄인들!"이라며 정죄했습니다. 예수님께서 오셔서 그 세리들을 친구로 삼으시자, 가장 의롭다는 제사장들과 바리새인들이 예수님을 정죄하고 십자가에 못 박아 죽였습니다.

예수님을 죽인 사람들은 이방인들이 아닙니다. 불량배들도 아닙니다. 가장 고상하고 하나님을 잘 섬긴다고 자부했던 제사장들, 바리새인들, 레위인들, 서기관들입니다. 그중에서 서기관은 성경에 정통한 사람입니다. 하나님을 가장 잘 섬긴다는 사람들이 하나님의 아들을 죽였습니다. 이 얼마나 모순된 일입니까?

지금도 마찬가지입니다. 교회를 힘들게 하고 교회에 문제를 일으키는 사람들은 스스로 의롭다고 하는 사람들입니다. 교회에 처음 나온 초신자들이 문제를 일으키지 않습니다. 교회의 직분자 중에서 자신이 의롭다고 생각하는 사람들이 다른 사람을 손가락질하고 비난하면서 분쟁을 일으키는 것입니다.

최근에 한 교회는 성도 간에 싸움이 붙어서 뉴스에 보도되기도 했습니다. 예배 시간에 수십 명의 사람들이 강대상에 떼지어 올라와서 싸우는 모습이 온 나라에 방송이 되었습니다. 이 얼마나 부끄러운 일입니까? 저들이 얼마나 의롭기에 하나님께 드리는 예배를 엉망으로 만듭니까?

우리가 정신 차려야 합니다. 영적으로 성숙해야 합니다. 남을 보지 말고 자신을 살피십시오. '내가 성령의 열매로 사랑이 충만한가? 아홉 가지 성령의 열매가 맺어지고 있는가?'를 점검하십시오. 성령의 아홉 가지 열매는 하나로 연합되어 있습니다. 귤을 까면 그 안에 여러 조각이 한 덩어리로 붙어 있는 것처럼 성령의 열매 역시 아홉 가지가 연합되어서 한 덩어리로 나타나는 것입니다. 우리는 다음과 같은 아홉 가지 성령의 열매를 맺어야 합니다.

첫 번째 성령의 열매는 사랑입니다.

하나님의 사랑은 자식을 향한 부모의 마음과 같습니다. 주고 또 주며 희생하는 사랑입니다. 이 하나님의 사랑이 우리 마음에 부어지면 목숨을 바쳐서 주님을 섬깁니다. 사서 고생을 합니다. 하나님을 섬기는 일은 사랑이 뒷받침되지 않으면 감당하기 어렵습니다. 은혜에 감사하여 하나님을 사랑하는 사람만

이 궂은일도 즐겁게 감당하며 하나님을 섬길 수 있습니다.

두 번째 성령의 열매는 '희락' 입니다.

희락은 사랑이 있는 곳에 나타납니다. 가만히 살펴보면 사랑을 가진 사람의 마음에는 항상 기쁨이 있습니다. 주님을 사랑하면 마음이 즐겁습니다. 저는 제 자신을 돌아보아 마음에 기쁨이 없으면 '아! 내가 지금 성령 충만하지 않구나.' 라고 깨닫고 이와 같이 기도합니다.

"하나님, 제 마음에 기쁨을 회복시켜 주옵소서. 누구를 만나도 웃을 수 있게 하여 주옵소서. 아무리 답답하고 괴롭고 속상하고 불편한 일이 있어도 기쁨을 잃지 않고 웃게 하여 주옵소서."

기쁨은 성령의 열매입니다. 데살로니가전서 5장 16절은 "항상 기뻐하라"고 말씀합니다. 이 말씀은 명령형입니다. '기뻐하려고 노력하라' 가 아니라 '기뻐하라' 입니다. 사도 바울은 감옥에 갇혀 있으면서도 빌립보 교인들을 향해 "주 안에서 항상 기뻐하라 내가 다시 말하노니 기뻐하라"빌 4:4고 거듭 권면했습니다.

예수 믿는 사람은 기쁨이 충만해야 합니다. 세상의 온갖 시름을 짊어진 얼굴로 다니지 말아야 합니다. 어떤 분들을 보면 얼굴에 '문제 많음', '속상함' 이라고 쓰여 있습니다. 옆으로 지나갈 때 찬바람이 쌩쌩 붑니다. 마음이 기쁨이 없습니다. 이런 분들은 마음에 기쁨을 달라고 기도해야 합니다. 성령께서 임하시면 마음의 불안, 절망, 초조, 걱정, 근심이 떠나가고 하나님이 주시는 기쁨이 솟아납니다. 이 기쁨을 가지고 하나님을 섬겨야 합니다.

세 번째 성령의 열매는 '화평' 입니다.

화평은 히브리어로 '샬롬' 이며, 이스라엘 사람들이 평소에 하는 인사말입니다. 그들은 만나거나 헤어질 때 "샬롬!" 하며 인사합니다. 평강을 확인하고 평강을 빌어 주는 것입니다. 우리나라 성경에는 이 '샬롬' 이라는 단어가 '평안', '평강', '화평', '평화' 라는 네 가지 단어로 번역되었는데, 모두 같은 말입니다(영어로는 peace).

성령으로 충만하면 사랑의 열정이 생겨나고, 주님을 생각만 해도 기쁘고, 마음이 평안합니다. 환난 풍파가 불어오고 문제와 어려움이 다가와도 요동하지 않습니다. 마음이 깊은 바다같이 잔잔합니다. 깊은 바다는 요동하는 법이 없습니다. 바닷

가의 얕은 물은 늘 찰싹거리고 있지만 깊은 곳으로 가면 동요가 없고 고요합니다. 그러므로 바닷가 신앙이 되지 말고 깊은 바다 신앙이 되어야 합니다. 누가 뭐라 해도 그 말에 동요하지 않는 평안한 마음, '샬롬'을 가져야 합니다.

저는 예전에 성격이 굉장히 세심했었습니다. 무슨 비판적인 말을 들으면 겉으로는 아무렇지 않은채 했지만, 그때부터 마음에 걸려서 소화가 안 되고 먹어도 얹히기 일쑤였습니다. 밤새 '그 사람이 왜 그런 말을 했을까?' 하고 속상해했습니다. 위가 예민해져서 소화제를 늘 갖고 다녔습니다. 그런 제 성격을 하나님께서 미국에서 목회하는 동안 완전히 뜯어고치셨습니다. 지금은 누가 뭐래도 "할렐루야!" 합니다. 뭘 먹어도 소화가 잘됩니다. 오히려 절제해야 할 정도입니다. 하나님께서 성격을 고치시고 마음에 평안도 주시고 건강도 주셨습니다. 하나님 안에서 화평의 열매를 맺게 하셨습니다.

네 번째 성령의 열매는 '오래 참음'입니다.

우리나라 사람들은 상당히 성격이 급합니다. 얼마나 성격이 급한지 우리나라가 세계에 수출한 한국어가 '빨리빨리'입니다. 한국 사람이 가는 곳마다 '빨리빨리'라는 단어가 먼저 알려

집니다. 세계에서 '빨리빨리'라는 단어가 안 통하는 나라가 딱 하나 있는데, 바로 케냐입니다. 케냐 말로 '폴레폴레'는 '천천히'라는 뜻입니다. 그런데 케냐 사람들은 한국 사람이 '빨리빨리'라고 말하면 '폴레폴레', 즉 '천천히'로 알아듣습니다. 성령님이 임하셔서 우리의 급한 성격을 변화시키시면 오래 참음의 열매를 맺어 '빨리빨리'가 '폴레폴레'로 바뀌게 될 것입니다.

다섯 번째 성령의 열매는 '자비'입니다.

자비는 헬라어로 '친절'이라는 의미를 가지고 있습니다. 자비의 열매를 맺은 사람은 누구에게나 친절합니다. 성령충만한 사람은 누구에게나 친절을 베풀 수 있습니다. 만일 사람들을 대할 때 퉁명스럽고 불친절하다면 자비의 열매가 없는 것입니다.

여섯 번째 성령의 열매는 '양선'입니다.

양선은 다른 말로 '착함'입니다. 예수 믿고 성령의 열매를 맺으면 착해집니다. 세상에서는 악하고 영리한 사람이 이기는 것처럼 보이지만 종국에는 착한 사람이 승리합니다. 착한 사람은 하나님께 복을 받기 때문에 최후의 승자가 됩니다. 그러므로 아직 미혼이거나 미혼인 자녀를 두신 분들은 성품이 착한 사람을 만나는 것을 우선순위로 두어야 합니다.

일곱 번째 성령의 열매는 '충성' 입니다.

충성은 최선을 다하는 것을 의미합니다. 충성스러운 사람은 하나님 앞에 충성할 뿐 아니라 자기에게 맡겨진 일과 가정, 직장에서도 최선을 다합니다. 충성은 속사람에서 우러나오는 성품이기 때문에 충성의 열매를 맺은 사람은 누가 보건 보지 않건 최선을 다합니다. 누구든지 진정으로 신뢰할 수 있는 사람이 되는 것입니다.

여덟 번째 성령의 열매는 '온유' 입니다.

온유는 '부드러움' 을 뜻합니다. 온유한 사람은 스펀지처럼 부드러움이 있습니다. 온유한 사람에게 부딪히면 소리가 나지 않습니다. 그러나 딱딱한 사람은 사람에게 상처를 줍니다. 성령님께서는 모나고 딱딱한 우리를 둥글고 부드럽게 만드십니다. 예수님께서 그 어떤 죄인도 품으시고 용서하시는 것처럼 우리 안에 어떤 사람도 품고 안아 줄 수 있는 쿠션을 갖게 하십니다.

마지막 아홉 번째 성령의 열매는 '절제' 입니다.

절제는 '자기를 조절하는 능력' 입니다. 신앙생활에서도 기도할 때가 있고 찬송할 때가 있습니다. 말씀을 들을 때가 있고 잠잠히 기다릴 때가 있습니다. 우리는 때를 잘 조절해야 합니다. 절제하지 못하면 욕구를 통제할 수 없기 때문에 균형 잡힌 신앙생활을 하기 어렵습니다. 식욕도 절제하지 못하면 문제가 생기는 것처럼 신앙생활에도 절제가 필요합니다.

이 아홉 가지 성령의 열매 외에도 우리가 닮아 가야 할 예수님의 성품으로 겸손, 감사, 거룩함, 자족, 긍휼, 너그러운 마음 등이 있습니다.

우리는 예수님의 성품을 마음에 하나둘 새겨 가면서 자신과 싸움을 해야 합니다. 성격이 너무 급한지, 소리를 잘 지르는지, 너무 냉정한지, 친절하지 못한지 점검하고 회개하면서 예수님을 닮아 가도록 노력해야 합니다. 처음에는 잘 안 되는 것 같아도 한 걸음, 두 걸음 차근차근 걷다 보면 어느새 영적으로 성숙하게 될 것입니다.

우리 모두 한 사람의 낙오자도 없이 영적 거인이 되어서 작은 예수로서 이 세상을 변화시켜 나가는 주역들이 되시기를 간절히 소원합니다.

### 작은 예수 되기

1. 생명은 성장하는 속성이 있다. 영적 생명도 마찬가지이다. 거듭났다면 성장하는 것이 마땅하다.
2. 영적 성장이란 예수님을 닮아 가는 것, 예수님을 닮기 위해 노력하는 것을 말한다. 우리의 영적인 모습은 나무와 같아서 생명이 있는 동안 계속해서 자라난다.
3. 영적 성장은 성령의 열매를 동반한다. 사랑과 희락과 화평과 오래 참음과 자비와 양선과 충성과 온유와 절제, 이 아홉 가지의 열매가 한꺼번에 나타난다. 이 성령의 열매 외에도 우리가 닮아 가야 할 예수님의 성품으로 겸손, 감사, 거룩함, 자족, 긍휼, 너그러운 마음 등이 있다.

SPIRITUAL GROWTH

영적 성장의
길